A Fênix Quieta

Prasenjeet Kumar

Published by Publish With Prasen, 2019.

While every precaution has been taken in the preparation of this book, the publisher assumes no responsibility for errors or omissions, or for damages resulting from the use of the information contained herein.

A FÊNIX QUIETA

First edition. April 4, 2019.

Copyright © 2019 Prasenjeet Kumar.

Written by Prasenjeet Kumar.

Índice Analítico

Vou começar com uma história...: 3

Agora vou contar uma outra história...: 4

I: O significado de "Fênix quieta": 14

II: Quem sou eu e o que mudou minha vida: 19

III. O propósito de escrever este livro: 31

Capítulo 1: A carreira em um escritório de advocacia empresarial: 36

Capítulo 2: Trabalhando em um espaço Open Office: 42

Capítulo 3: Você nasceu para fazer hora extra?: 62

Capítulo 4: Relacionar-se e socializar com os colegas: 81

Capítulo 5: Escrever, falar, pesquisar e analisar. Atividades que funcionaram bem para mim e o que você pode aprender com isso: 101

Capítulo 6: Roubos de mérito, favoritismo e traições: coisas que não funcionaram tão bem para mim: 122

Capítulo 7: Abandonando a carreira em Direito e por que perder o emprego pode não ser algo tão ruim assim: 171

Capítulo 8: Mudança de carreira: o que realmente me fazia feliz: 186

Livros Do Autor Da Série "A Fênix Quieta": 200

Livros Do Autor Da Série "Auto-Publicação Sem Gastar Um Centavo": 201

Livros Do Autor, Da Série "Cozinhar Num Instante": 202

Entre em contato comigo: 203

Sobre o autor: 204

Vou começar com uma história...

Ela fala de uma ave.
Mas ele não era uma ave comum.

Como diz a lenda, essa ave tinha um espírito de fogo, uma plumagem colorida e uma cauda de ouro.

Ela viveu durante cinco ou seis séculos.

Mas isso não era a única coisa fora do comum sobre essa ave:

Ao aproximar-se do fim do seu ciclo de vida, ela construía um ninho e se sacrificava nele, transformando-se em cinzas.

No entanto, esse não era o seu fim.

Das cinzas, ressurgiam suas crias para iniciar um novo ciclo de vida.

Assim, ela se tornou símbolo da imortalidade ou da renovação dos ideais e da esperança.

Ela passou a ser associada a pessoas ou coisas que se recuperam após passar por adversidades ou uma aparente aniquilação.

A ave foi chamada de **Fênix**.

Agora vou contar uma outra história...

———

A história de um jovem advogado, um trainee idealista e inocente.

Vamos chamá-lo de PK.

Certo dia, o RH da empresa nomeou PK assistente de um dos analistas sênior, a quem vamos chamar de "Sr. Corujão".

Um cara ligeiramente careca, de estatura mediana, que usava óculos e tinha um pouco de barriga, o Sr. Corujão aprendeu uma pequena artimanha em sua vida corporativa anterior em escritórios de advocacia. Se você fingia estar fazendo hora extra aos olhos de seu patrão, teria mais chances de ser mais notado.

O que significava que o Sr. Corujão ficava no escritório por muito tempo, mesmo quando não havia trabalho.

Não apenas isso, para mostrar que era importante, também fazia os seus subordinados ficarem com ele, independentemente da sua carga de trabalho. Quando ele estava de bom humor, permitia que seus subordinados saíssem mais cedo, isto é, após as 19h.

O Sr. Corujão costumava afirmar que esse era o preceito não declarado sob o qual a maioria das empresas funcionava.

A FÊNIX QUIETA

Nunca ouviu falar da expressão "vestir a camisa da empresa"? — ele perguntava.

"Para um analista sênior ocupado, isso significa o número de horas que você se dedica ao trabalho, ALÉM do horário normal de expediente"; explicava ele quando de bom humor.

Ninguém diz isso, mas é assim que você começa a ser "notado" a longo prazo, afirmou.

Além disso, todos os bônus e promoções dependem das horas que você passou no escritório.

O Sr. Corujão era o centro das fofocas do escritório, algo do qual tinha conhecimento e gostava.

Surpreendentemente, mesmo que ele ficasse até mais tarde, dava mancadas com frequência.

Perdia prazos deixando os clientes furiosos. Certa vez, enviou os documentos errados, o que causou grande constrangimento. Mas o Sr. Corujão era um caso perdido. Continuava impondo prazos falsos.

Fingia se alarmar e fazia algo parecer absolutamente urgente, enquanto o assunto poderia muito bem já estar resolvido ou não ser mais importante.

Com o PK, seguia a mesma rotina.

Ele mantinha o PK sem trabalho até às 18h30 e quando chegava a hora de ir embora, aparecia do nada com alguma tarefa de extrema urgência.

O PK tentava convencê-lo a levar seu trabalho para casa, mas sem sucesso. Na realidade, o Sr. Corujão ficava tão irritado que chegou a ameaçar acabar com a reputação dele.

Alguns colegas de PK o aconselharam a levar tudo isso na esportiva, como uma parte inevitável dos ritos de passagem que todo analista júnior deve passar.

Outros aconselharam-no a falar pessoalmente com o Diretor Executivo e contar-lhe o que estava acontecendo.

Mas o Diretor parecia estar muito ocupado e não ter tempo algum para conversar.

O próprio PK se sentia um pouco desconfortável em falar pessoalmente com o Diretor, especialmente porque ele sabia que mesmo que tivesse uma oportunidade de falar, teria menos de 20 segundos para explicar seus problemas.

Assim, PK percebeu que com o pouco tempo que tinha na firma poderia passar a impressão de alguém que vive reclamando por nada, ainda mais quando a respeito de seus colegas mais antigos.

E foi assim que o Sr. Corujão continuou intimidando o PK, e como ele não era exatamente uma pessoa muito falante, ia engolindo o que acontecia.

Até que chegou o dia em que PK não aguentava mais.

PK voltou para casa tarde da noite, incomodado e deprimido, e decidiu falar com seu pai sobre o que estava ocorrendo.

A FÊNIX QUIETA

O pai de PK escutou-o pacientemente e, em seguida, pediu-lhe para anotar tudo isso em uma espécie de diário; com data, hora, evento e por que ele considerava tudo tão injusto.

Foi assim que PK começou a manter um registro de todos os eventos que aconteceram entre ele e o Sr. Corujão.

Passou esses eventos para um documento Word e não fez mais nada. Segue um exemplo de uma das páginas do diário:

"21 de junho de 2010:

Tinha finalizado meu trabalho sobre a oferta pública de ações e saí do escritório às 16h30. Às 18h45, o Sr. Corujão me liga e pede que volte urgentemente ao escritório para revisar um Contrato de Aditamento.

Perguntei se ele poderia me enviar o documento por e-mail para revisá-lo em casa, fazer as alterações e enviá-lo de volta. [Ele] me disse que não tinha uma cópia eletrônica do contrato, apenas uma cópia impressa que tinha 500 páginas. Agi como se não conseguisse ouvi-lo claramente por causa de alguma interferência na linha e não voltei ao escritório.

22 de junho de 2010:

Perguntei ao Sr. Corujão sobre o documento que me pediu para revisar no dia anterior. Para minha surpresa, ele não conseguia se lembrar do que exatamente se tratava a urgência e, em seguida, se lembrou e enviou rapidamente por e-mail o mesmo documento que tinha alegado não ter uma cópia eletrônica na noite anterior. Além disso, o documento não tinha 500, mas apenas dez.

Era pura perseguição!

PK estava ficando cansado das artimanhas do Sr. Corujão. Esse último sempre dava alarmes em falso e não permitia que PK trabalhasse de casa ou voltasse para casa em um horário decente.

Um dia, PK e o Sr. Corujão tiveram uma reunião com um cliente na parte da tarde e voltaram ao escritório por volta das 17h30.

PK estava com uma terrível dor de cabeça e resolveu ir para casa sem pedir permissão ao Sr. Corujão, porque já sabia que ele não permitiria, de qualquer forma.

PK deixou seu celular no silencioso; e quando o Sr. Corujão ligou, não atendeu.

PK chegou em casa se sentindo um pouco culpado e com o pressentimento de que algo ruim estava para acontecer.

Antes de se preocupar, PK lavou o rosto, foi passear no parque para respirar um pouco de ar fresco, jantou e começou a escrever em seu diário novamente.

A caixa de entrada de PK estava aberta.

De repente, chegou um e-mail do Diretor pedindo para PK aparecer em seu escritório na manhã seguinte e explicar o seu "comportamento bizarro" de recusar a ajuda aos seus superiores.

Ele então passou a ameaçar PK de que se ele não aparecesse na manhã seguinte, seria forçado a tomar "medidas mais severas".

O coração de PK quase saltou pela boca.

Sentiu-se como a mística Fênix queimando e se reduzindo a cinzas.

PK estava com medo, muito medo.

Com ninguém mais a quem recorrer, PK reuniu um pouco de coragem para mostrar o e-mail ao seu pai.

O pai de PK recordou o que PK já tinha lhe contado e perguntou sobre o diário que ele estava supostamente escrevendo.

"Está na hora de você se defender e compartilhar o seu lado da história com o Diretor", aconselhou o pai de PK com firmeza.

"E se isso piorar as coisas? Estamos falando do meu primeiro emprego", rebateu PK.

"Filho, parece que eles já estão planejando tomar medidas contra você. Se você permanecer calado, não vai apenas perder o emprego, mas também passar despercebido e anônimo. Então, se você vai perder o seu emprego de qualquer forma, é melhor cair lutando do que entregar os pontos para um intimidador", disse o pai de PK.

Foi assim que PK elaborou sua resposta, copiando e colando com cuidado as anotações do diário que ele tinha mantido ao longo dos meses.

Sua resposta, a esta altura, já contava com dez observações, cada uma delas provando que o Sr. Corujão era um intimidador e sádico, que, ao dar alarmes falsos o tempo todo e desmotivar os trainees, não agia no melhor interesse do escritório.

PK revisou o que havia escrito e apertou o botão de enviar.

O e-mail foi enviado.

Nenhuma resposta chegou.

PK foi para a cama bastante triste e angustiado.

Não sabia se tinha feito a coisa certa. Será que ele não deveria ter puxado o saco do Sr. Corujão um pouco mais e por mais tempo?

Surpreendentemente, a resposta foi um sonoro "Não!"

Deveria começar a procurar outro emprego?

PK continuava se debatendo na cama. Sentia como se estivesse sendo esfaqueado.

Curiosamente, o pai de PK parecia muito tranquilo.

Não se preocupava com o fato de que seu filho em breve perderia o emprego.

Na verdade, ele parecia estar bastante satisfeito ao ver seu filho se defender das intimidações sozinho, de uma forma tranquila, porém firme.

De manhã, quando PK acordou, a primeira coisa que fez, antes mesmo de escovar os dentes, foi verificar seu e-mail. Sim, havia uma mensagem do Diretor.

Continha apenas uma linha: "Você está tendo problemas para trabalhar com ele [Sr. Corujão]?"

PK sentiu algum alívio, só um pouco.

Parecia que, de certa forma, o Diretor tinha entendido o seu ponto de vista. PK deduziu que o quer que o Sr. Corujão tivesse dito ao Diretor era apenas parte da verdade, mas ele, o Diretor, havia percebido que havia algum tipo de disputa acontecendo entre o Sr. Corujão e PK.

Nem tudo estava perdido, pensou PK.

PK chegou cedo ao escritório naquele dia.

O Sr. Corujão já estava lá e imediatamente pediu a PK que viesse ao seu escritório, e gritando, perguntou por que PK havia deixado o escritório na noite anterior, sem informá-lo.

De repente, o telefone do Sr. Corujão tocou.

Era o Diretor. Queria que o Sr. Corujão fosse até seu escritório imediatamente. A sessão durou cerca de meia hora, e PK podia ver o Sr. Corujão limpando o suor da testa.

Em seguida, PK foi chamado.

Foi quando ele pensou que tinha chegado a sua vez de suar.

No entanto, ficou surpreso ao ver que o Diretor estava muito calmo, ao contrário da noite anterior, quando havia enviado aquele e-mail desagradável.

Ele escutou PK pacientemente. Fez alguns comentários sarcásticos no meio, mas quando PK terminou, parecia entender o seu ponto de vista.

"Posso ver que vocês têm um problema. Vou falar com o RH sobre tudo isso e decidir o que fazer", disse.

PK já tinha se virado para sair, quando o Diretor acrescentou: "A propósito, sua habilidade em resumir fatos é realmente muito boa. Seu e-mail foi claro, direto ao ponto, e bem semelhante ao modo de expor de um advogado britânico", elogiou o Diretor, ele próprio graduado de Oxford.

PK ficou surpreso. Voltou à sua mesa e não conseguia deixar de sorrir de orelha a orelha.

De uma situação absolutamente sem esperança, PK tinha literalmente renascido das cinzas, como a Fênix.

P.S. Essa foi a última vez que PK falou com o Sr. Corujão. Foi decidido que os dois não trabalhariam mais juntos.

O Sr. Corujão inclusive tentou ficar amigo de PK.

Disse a PK que ele o via como um amigo e não queria prejudicá-lo de nenhuma forma.

No entanto, o Sr. Corujão foi convidado a deixar o escritório um mês após o ocorrido.

Moral da história

PK se perguntou qual teria sido o resultado se tivesse ficado quieto, como a maioria de seus colegas lhe haviam aconselhado, e não tivesse enviado o e-mail.

E se ele não tivesse mantido de maneira tão meticulosa um diário completo dos eventos?

A resposta que lhe ocorreu era óbvia.

PK teria sido visto de forma negativa, como alguém que desafia os analistas sênior, um preguiçoso e covarde, além de alguém que não estava disposto a "vestir a camisa".

E com certeza PK teria sido despedido naquela manhã.

I: O significado de "Fênix quieta"

É isso mesmo, você adivinhou!

Sim, o tal de PK da história que acabei de narrar é o próprio autor desse livro, Prasenjeet Kumar.

Então, por que estou explicando o significado de "Fênix"?

A frase "como uma Fênix que renasce das cinzas" é usada como uma metáfora para várias circunstâncias diferentes.

Uma dessas circunstâncias é a de superar alguma situação ruim/entristecedora enquanto percorre o caminho para se tornar feliz e realizado.

A palavra "Quieta", por outro lado, é utilizada para designar as pessoas reservadas ou introvertidas como eu; a palavra "introvertido" já não é um termo pejorativo que se refere a pessoas tímidas e que falam pouco e que não têm habilidades sociais.

Se você leu o best-seller de Susan Cain, *O poder dos quietos: como os tímidos e introvertidos podem mudar um mundo que não para de falar*, talvez você já esteja familiarizado com o que estou falando.

Para aqueles que ainda não têm certeza se entenderam o significado de "introvertido", acredito que não devo entediá-los com a história da origem das palavras "extrovertido" e "introvertido".

Ou, como elas foram usadas no passado e que tipo de pesquisa Carl Jung e tantos outros psicólogos ilustres fizeram sobre esses dois tipos de personalidade.

Atualmente um introvertido é definido como alguém que se preocupa com o mundo interior de pensamentos e sentimentos.

Sim, um introvertido ainda é alguém que prefere ficar sozinho.

Mas isso não significa que um introvertido odeie pessoas ou tenha poucas habilidades sociais.

Pelo contrário, os introvertidos adoram pessoas, mas muitas vezes ficam exaustos se passam muito tempo socializando.

Um introvertido precisa passar mais tempo sozinho para recarregar suas baterias, como se diz por aí.

Diferente dos extrovertidos que "recarregam as baterias" em festas ou na companhia de pessoas.

No entanto, um introvertido tem poderes especiais que com frequência são desvalorizados, tanto em ambientes sociais quanto nos locais de trabalho.

Diz-se que os introvertidos têm uma alta capacidade de concentração, são ótimos ouvintes, e possuem uma capacidade de desenvolver relações profundas com seus amigos e clientes.

Curiosamente, os introvertidos se expressam melhor escrevendo do que falando. Essa poderia ser uma das razões pelas quais muitos grandes escritores são introvertidos.

Voltando à expressão **"Fênix Quieta"**, os introvertidos podem, muitas vezes, se sentirem discriminados ou subvalorizados no local de trabalho.

Eles podem ter a sensação de que seus homólogos extrovertidos são melhores em se vender a seus chefes e em prosperar.

Alguns de nós, os introvertidos, podemos não nos sentir muito confortáveis em ambientes de trabalho abertos, comuns na maioria dos escritórios atuais.

Nossas ideias muitas vezes não são ouvidas nas sessões de brainstorming porque tendemos a falar baixinho ou somos interrompidos por colegas impacientes e extrovertidos. Portanto, a nossa incapacidade de "colaborar" pode ser vista como uma falta de entusiasmo pelos chefes.

Muitos de nós podemos não nos adaptar a longas jornadas de trabalho. Com frequência, nos exaurimos em eventos de networking que vão até altas horas da noite.

Mudanças no cenário econômico podem agravar esses problemas. A redução de quadros se tornou comum após a crise financeira global de 2008. Tornou-se muito fácil perder o emprego e, de fato, muito difícil de conseguir um novo. Isso afetou a todos, extrovertidos e introvertidos.

A perda de um emprego é sempre motivo de infelicidade.

Como vou pagar as contas?

Por quanto tempo você vai depender do apoio financeiro da família/cônjuge, mesmo considerando que o apoio deles seja oferecido de bom grado?

O que dizer às pessoas quando perguntarem sobre o seu trabalho?

Se você é uma pessoa introvertida, talvez tenha que se esforçar ainda mais para conciliar seus sentimentos. Talvez se culpe pela sua falta de capacidade de se vender a potenciais empregadores.

Pode se perguntar como poderia ter agradado mais a seus chefes em seu antigo local de trabalho. Você sabe dos efeitos adversos de trabalhar além do expediente sem necessidade, mas será que não deveria ter persistido um pouco mais?

Não deveria ter falado mais alto durante aquelas terríveis sessões de brainstorming?

Deveria ter se forçado a permanecer mais tempo durante os eventos de networking?

Pode ser que você seja muito desajeitado e por isso não consiga se soltar em eventos sociais.

Talvez você não demonstre o entusiasmo suficiente para progredir em seu ambiente de trabalho.

Ou talvez você seja mesmo incompetente e desmerecedor do cargo.

O momento em que você está em conflito com esses sentimentos e pensamentos tão duros, negativos e tristes é o que eu inicialmente chamo de "situação desanimadora/entristecedora".

Então, como uma Fênix, você (uma pessoa introvertida e reservada) pode passar por cima de tudo isso e avançar rumo a um caminho de felicidade e alegria, deixando para trás toda esta bagagem antiga?

Sinceramente espero que **"A fênix quieta"** o ajude a fazer isso.

E mesmo que você realmente esteja satisfeito com o seu trabalho atual, poderá encontrar neste livro algumas dicas muito úteis para brilhar em sua profissão.

Se você, no entanto, acreditar que não está no lugar certo, este livro pode ajudá-lo a mudar de profissão (como eu fiz).

Compartilho neste texto a minha história e trajetória desde que me tornei advogado corporativo até me tornar um autor-empreendedor em tempo integral.

Talvez a minha história lhe sirva de inspiração para contar a sua história de coragem, determinação e transformação.

"É melhor fracassar logo no início da vida. Isso acorda o pássaro Fênix em você para que você possa renascer das cinzas."

–Anne Baxter

II: Quem sou eu e o que mudou minha vida

"*Sou a única pessoa no mundo que eu realmente queria conhecer bem.*"

–Oscar Wilde

Vou contar um pouco mais sobre mim.

Sou um escritor, blogueiro e empresário. Já escrevi e publiquei na Amazon três livros em seis meses.

Nenhum dos meus livros são semelhantes aos folhetos de 20 a 50 páginas que enchem o mercado de e-books atualmente. Meu primeiro livro tinha 200 páginas (aprox. 27 mil palavras), o segundo 308 (aprox. 37 mil palavras) e o meu terceiro livro um total de 297 páginas (aprox. 36 mil palavras)

Talvez você se surpreenda ao saber que todos os três eram "livros de receitas", com base nas receitas da minha mãe. Mas eu não sou um chef, nem por formação, aptidão ou inclinação.

Na realidade sou um advogado corporativo, graduado em direito, com honras, pela University College London, e tenho o Diploma do Curso de Prática Jurídica (LPC) da College of Law de Bloomsbury, de Londres.

Já tive minha quota de experiência dentro do universo do direito corporativo em Londres e Nova Delhi por cerca de três anos.

Então, o rótulo de "autor de livro de receitas" me deixa um pouco relutante, o que eu preciso salientar é que uma bela manhã, simplesmente senti um desejo: não de apenas catalogar a tradição e as receitas inovadoras da minha família, mas também ajudar pessoas que estão sempre ocupadas a cozinhar refeições do zero, em um instante.

Adoro escrever sobre coisas que realmente me entusiasmam.

Acredito que os meus livros devem ajudar as pessoas a mudar suas vidas para sempre (e para o bem, é claro!).

Para mim, escrever também é uma experiência realmente libertadora, capaz de curar feridas antigas e, no processo, influenciar outras pessoas podendo trazer muito sentido para a vida.

Vivo no norte da Índia, perto dos Himalaias. Adoro as montanhas e o clima temperado da região, com seus picos cobertos de neve, florestas de pinheiros e abetos, flores de cerejeira e pessegueiros e pastos verdes.

E pela precisão com que descrevi já dá para dizer que sou um amante da natureza. Prefiro muito mais passar meu tempo livre caminhando pelas montanhas do que em baladas nos bares e discotecas,

O que não quer dizer que não goste de pessoas. Tenho alguns amigos com quem mantenho relações intensas.

A FÊNIX QUIETA

Gosto de interagir com meus amigos mais próximos, o que recarrega minhas energias (e até mesmo deixa aflorar o meu lado extrovertido).

Além disso, prefiro relacionamentos duradouros a transas de uma noite.

Amo comida gourmet, chocolates e queijos. Essa é uma razão pela qual não me importei em começar a minha carreira de escritor com livros de receitas.

No entanto, não sou um come-dorme.

Gosto de praticar todo tipo de exercícios: aeróbicos, musculação, de flexibilidade e equilíbrio. O Pilates é o meu favorito. Prefiro um treinamento funcional a exercícios com aparelhos de ginástica, porque o primeiro me parece mais natural e me dá uma sensação profunda de bem-estar espiritual.

Já mencionei que sou um autor-empreendedor.

Isso significa que não apenas gosto de escrever, mas me concentro também em editar e comercializar meus livros. No entanto, não foi sempre assim.

Alguns anos atrás, os meus sonhos pareciam ser completamente diferentes.

Desde a minha adolescência, sempre quis ser um advogado corporativo.

Meu primo era advogado corporativo nos Estados Unidos.

Em 2000, quando visitei os Estados Unidos, fiquei verdadeiramente fascinado pela ostentação dos escritórios de advocacia de Nova York, com suas janelas de vidro brilhantes e elevadores de alta velocidade.

Também havia ouvido falar que os advogados corporativos podem ganhar salários e honorários de seis dígitos e que deixam qualquer um com água na boca.

Os acordos transnacionais multibilionários também pareciam interessantes.

Eu, naturalmente, (ou não tão naturalmente poderia dizer agora) queria estar na vanguarda deste próspero setor (tal como escrevi em um dos meus formulários de candidatura on-line na época).

Formei-me com honras em Filosofia, pela St. Stephens College, de Nova Délhi, e depois cursei direito na University College London, na Inglaterra. (A propósito, os diplomas de direito ingleses são reconhecidos pela Ordem de Advogados da Índia).

Descobri então que a versão acadêmica do direito era intelectualmente estimulante. As discussões e dissertações giravam em torno de todos os tipos de complexidades jurídicas, problemas éticos, relativismo (como o que é certo em um contexto, soa totalmente absurdo em outro) e abordagens em que "há casos em que não há respostas claras e definitivas", as quais me deixavam totalmente fascinado.

Fiz também boas amizades na universidade e as mantenho até hoje.

Então, uma carreira em direito parecia ser a opção certa para mim. Mal sabia eu que, uma coisa é apreciar intelectualmente o direito e outra é trabalhar em um escritório de advocacia empresarial.

Em 2009, voltei para a Índia e comecei a trabalhar em um escritório de advocacia na parte central de Nova Delhi.

Como todo introvertido, tive que aturar algumas desvantagens (embora na época não percebesse isso).

Meus colegas eram mais espertos em se autopromover (embora eu fizesse a maior parte do trabalho duro).

Sentar e trabalhar horas a fio drenavam os meus níveis de energia.

Geralmente não havia tempo para relaxar e recarregar a bateria.

Muitas vezes trabalhávamos aos sábados, domingos e feriados para cumprir prazos rigorosos. Esquivar-se de um desses "feriados trabalhados" era visto como um sinal de falta de comprometimento.

No entanto, me comprometia a finalizar todas as minhas tarefas a tempo conforme os prazos, e até mesmo tomava algumas iniciativas, que passavam despercebidas!

Mas, não importa o quanto tentasse, simplesmente não consegui evitar me tornar uma vítima de puxadas de tapete e favoritismo dentro das empresas (mais sobre isso nos próximos capítulos).

Isso não significa que não passei por bons momentos.

De fato, um dos sócios na área de direito corporativo apreciava a minha capacidade de elaborar, escrever e pesquisar.

Minha capacidade de finalizar tarefas dentro do prazo era reconhecida.

Uma das pesquisas que fiz foi considerada inovadora.

As apresentações ocasionais em Power Point que montava eram muito bem recebidas.

Minha habilidade de detectar possíveis problemas de forma adequada era muito elogiada.

Acima de tudo, me consideravam um colega de confiança e um importante membro de equipe.

No entanto, o estresse estava tendo consequências graves em minha vida. Sentia-me extremamente cansado à noite quando voltava para casa (bem diferente de como me sinto normalmente) e me sentia culpado de ter saído do escritório "cedo".

O estresse decorrente das pressões de trabalho se agravou devido às traições e transferências de culpa das quais fui vítima.

Comecei a ter dores de cabeça e náuseas regularmente. A caminho do escritório, já começava a ter tonturas. Meus familiares começaram a perceber esta mudança em meu comportamento.

Estava perdendo a autoconfiança e ficando cada vez mais inseguro.

A FÊNIX QUIETA

Apesar de ser considerado a pessoa mais atlética do meu escritório, alguém que conseguia subir onze andares sem perder o fôlego, comecei a ter terríveis dores nas costas.

Era como se meu corpo estivesse desistindo.

Às sextas-feiras, me sentia aliviado porque poderia desfrutar dos meus finais de semana.

Aos domingos, o fato de ter que ir trabalhar na segunda-feira me deixava apavorado.

Em vez de desfrutar do trabalho, estava cada vez mais obcecado em não perdê-lo.

Meus níveis de stress foram aumentando a cada dia e não conseguia ver nenhuma solução.

Deixar o emprego e ficar sentado em casa, sem renda, não era, de modo algum, uma opção prática.

Foi então que o dia D chegou.

Em 2011, negócios envolvendo Direito Empresarial começaram a ficar escassos (inclusive em economias emergentes como a Índia).

Uma das razões citadas para essa escassez foi a falha do governo em introduzir reformas que beneficiassem a economia e a desaceleração global.

Os mercados estavam altamente voláteis e as empresas estavam sendo mais cautelosas antes de entrar em fusões e aquisições ou fazer transações no mercado de capitais.

Eu estava na equipe de mercado de capitais e nenhuma empresa estava disposta a dar continuidade a um processo de IPO (oferta pública inicial de ações).

Talvez você não consiga entender muito bem este jargão, mas não se preocupe, não é necessário.

A questão era que não entravam novos negócios no escritório.

Em consequência, vários funcionários estavam sendo demitidos ao meu redor.

Muitos dos meus amigos extrovertidos também perderam seus empregos.

De certa forma, todos estávamos ficando muito caros para a empresa.

Até que um dia foi a minha vez de ser despedido.

Você pode se perguntar como eu me senti ao perder meu emprego. Fiquei com raiva, deprimido, me senti humilhado, ou chocado?

Não! Senti-me bastante livre e aliviado, na verdade.

Meus níveis de estresse tinham chegado a tal ponto que parecia que ia ter um colapso nervoso.

Mas agora já não precisava mais ficar pensando que teria que ir ao escritório cada segunda-feira de manhã.

A FÊNIX QUIETA

Fiquei muito grato em não precisar mais lidar com a minha líder de equipe traíra e meus colegas falando pelas minhas costas.

No fim das contas, estava feliz em poder voltar a ser quem realmente era.

Então, acabei levando tudo isso como uma benção disfarçada.

Agora teria tempo suficiente em casa para me recompor e refletir sobre o que eu queria da vida.

Ainda agindo por impulso, continuei enviando meu currículo para alguns escritórios de advocacia.

A maioria não respondeu e não consegui um emprego com aqueles que me entrevistaram.

O único trabalho que consegui foi o de advogado interno em uma imobiliária, onde era o único funcionário do departamento jurídico!

Embora tivesse acesso direto ao presidente e todos os diretores da empresa, o trabalho não era divertido. Pedi as contas após três meses por puro tédio.

Comecei a perceber que não estava nem perto de me apaixonar pelo universo jurídico.

Talvez esse seja um dos motivos pelo qual não conseguia demonstrar entusiasmo, mesmo quando tentava demonstrar que sim.

A primeira empresa onde trabalhei também desempenhou um papel importante ao destruir de minha iniciativa e originalidade.

Sempre me considerei uma pessoa criativa. Na escola e na universidade, gostava de escrever e atuar. Ambas exercitavam a imaginação.

Para atuar se usa a voz, diálogos e gestos para comunicar uma emoção.

Ao escrever se usa palavras para fazer o mesmo.

Sabia em que direção estava indo.

No entanto, não desejava buscar uma carreira de ator em tempo integral ou me mudar para Bollywood. Participei de uma oficina de atores durante um mês, mas foi só isso.

No meu tempo livre, comecei a buscar informações sobre blogs, web design e marketing de mídia social.

Foi então que comecei um blog com as receitas da minha mãe.

Em paralelo, continuei buscando conhecimento sobre como autopublicar livros, incluindo criação de capa, formatação de e-books e livros de bolso, e publicá-los na Amazon e no Create Space.

Isto em si não fez com que eu escrevesse este livro.

Foi então que li o best-seller de Susan Cain, *O poder dos quietos: como os tímidos e introvertidos podem mudar um mundo que não para de falar*, que transformou a minha vida para sempre.

Eu tinha pouca consciência das minhas reais capacidades, mas não conseguia ver que o que eu tinha ou acontecia comigo era devido ao fato de ser introvertido.

Em seu livro, Susan entra em detalhes sobre os dons que vêm com a introversão. Com uma extensa pesquisa médica, psicológica e entrevistas, a autora chega à conclusão de que os introvertidos possuem grande capacidade de concentração, e são relativamente imunes às distrações vindas da riqueza e status.

Preferem dedicar suas energias sociais com amigos próximos, colegas e familiares. Escutam mais do que falam, pensam antes de se expressar, e muitas vezes sentem que colocam melhor suas ideias escrevendo do que conversando.

Também tendem a evitar conflitos. Além disso, as chances de uma pessoa introvertida ser infiel a seu/sua cônjuge são menores, e ela não assume tantos riscos e é mais persistente do que os seus homólogos extrovertidos, especialmente quando a situação fica difícil.

É impossível resumir o livro de Susan Cain em apenas algumas linhas. Recomendo esse livro a todos como ferramenta de transformação, especialmente àqueles que são tachados como introvertidos.

Percebi que suas palavras me curaram, especialmente onde a autora diz:

"Se você é um introvertido, encontre o seu fluxo, usando seus dons. Você tem o poder da persistência, a tenacidade para resolver problemas complexos, e a lucidez para evitar armadilhas que der-

rubam outros tipos de pessoas. Você goza de certa liberdade das tentações de recompensas superficiais, como dinheiro e status. Na verdade, o seu maior desafio pode vir a ser conseguir tirar total proveito de seus pontos fortes. Talvez você esteja tão ocupado tentando parecer uma pessoa extrovertida e agradável, em busca de recompensas, que acaba subestimando seus próprios talentos, ou se sentindo subestimado por aqueles que o rodeiam. Mas quando você estiver focado em um projeto de que goste, provavelmente descobrirá que a sua energia não tem limites.

Então, mantenha-se fiel à sua própria natureza. Se você gosta de fazer as coisas de uma maneira lenta e constante, não deixe que os outros façam você se sentir como se tivesse que correr. Se você gosta de profundidade, não se force buscando amplitude. Se prefere fazer uma coisa de cada vez, em vez de múltiplas coisas de uma só vez, seja fiel a si mesmo. Como você é relativamente imune a recompensas, possui um poder incalculável para seguir seu próprio caminho. Só depende de você usar essa independência para obter bons resultados."

Estas foram as palavras mágicas que despertaram a Fênix dentro de mim. A Fênix finalmente renasceu das cinzas.

Estas palavras me motivaram a escrever sobre minhas próprias experiências.

A ideia não é somente curar a mim mesmo (algo que o tempo já conseguiu), mas também para confortar outras pessoas com minhas próprias experiências.

III. O propósito de escrever este livro

Meu objetivo ao escrever este livro é ajudar, especificamente, os mais introvertidos a usar seus dons inatos para ter sucesso em suas carreiras ou para mudar de carreira com sucesso.

Manter-se no emprego se tornou muito difícil depois da crise financeira mundial de 2008. Os países desenvolvidos foram muito afetados. Outras partes do mundo (incluindo economias emergentes como a Índia, China, Brasil, Rússia e África do Sul) também foram afetadas por esta crise global.

Demissões se tornaram muito comuns. Você pode perder seu emprego da noite para o dia e não conseguir outro com tanta facilidade.

Neste cenário, as puxadas de tapete no mundo corporativo (que sempre aconteceram) se tornaram ainda mais recorrentes. As pessoas simplesmente se desesperaram e fazem qualquer coisa para chegar na sua frente, e você pode ser a última pessoa a se dar conta do que estava sendo tramado.

Uma pessoa introvertida já chega em desvantagem no local de trabalho. A cultura corporativa (desde as grandes corporações até as empresas menores) idealiza pessoas extrovertidas; alguém ousado, assertivo, que seja autoconfiante e que possa ser o centro das atenções.

No entanto, pesquisas realizadas por autores como Susan Cain, Jennifer Kahnweiler, Sophia Dembling e muitos outros, demonstram de forma conclusiva que os introvertidos possuem poderes inatos especiais.

Este livro simplesmente tenta alertá-lo sobre esses pontos fortes e dar conselhos sobre como você pode usar esses poderes em seu benefício no ambiente de trabalho.

Obviamente, é preciso também avaliar se o seu local de trabalho atual lhe oferece as oportunidades para usar seus poderes de forma eficaz.

Peço que você reflita sobre esta questão.

Em vez de perguntar se você está utilizando os seus poderes num local de trabalho de forma eficaz, se pergunte se o seu local de trabalho lhe proporciona as oportunidades para usar seus poderes de forma eficiente.

Por exemplo, apesar de você escrever relatórios muito bem, você é apenas avaliado pela sua contribuição em sessões de brainstorming, nas quais você talvez não tem um bom desempenho.

Ou você consegue cumprir prazos com resultados de qualidade, mas não recebe uma boa avaliação porque não fica depois do expediente, o que pode ser o critério preferencial de avaliação dentro da sua empresa.

Se você achar que o seu local de trabalho não o incentiva a usar seus talentos de forma eficiente, você consegue criar ou escolher seu próprio local de trabalho?

O que nos leva à segunda grande pergunta: onde você realmente quer chegar na vida?

Não seja tímido neste ponto.

Sei que alguns amigos e familiares vão rir da ideia de você se tornar um artista, escritor, pintor, ator, músico, ou até mesmo um empreendedor.

Vão lhe dizer que a maioria dos artistas não ganha dinheiro e os que ganham representam um em 1 milhão.

E por isso, a probabilidade de você ter sucesso é muito baixa. É melhor você trabalhar em um banco, ser um consultor de TI ou um advogado corporativo.

Mas e se a sua probabilidade de ser bem-sucedido nesta última opção é tão baixa quanto na primeira, por causa de uma recessão global e um milhão de outros fatores aos quais você não consegue se adaptar e nem controlar?

Você não seria feliz ficando na primeira categoria, a dos artistas (vejo empreendedores também como artistas)?

Pelo menos você pode ser você mesmo.

Você não será mais obrigado a desperdiçar sua energia agindo como uma pessoa extrovertida, demonstrando (erroneamente?) a seus chefes como você é apaixonado pelo seu trabalho.

E o mais importante, você poderia estar trabalhando em um ambiente onde você pode usar seus dons naturais de forma eficiente, e assim, tornar-se um ser humano feliz e pleno do ponto de vista espiritual.

Além disso, lembre-se que mudar para uma indústria que é relativamente imune a crises globais pode ser algo bastante sensato.

As pessoas vão continuar assistindo a filmes, ouvindo música, lendo livros, se preocupando com sua saúde, prosperidade e relacionamentos, enquanto as grandes corporações criam comitês para avaliar se entram ou não no mercado de ações, se adquirem um novo negócio ou se vão se reestruturar.

Um elefante sempre nos fascina quando o avistamos de longe, mas é sempre o gatinho de pés ligeiros que desfruta da sorte de ter 7 vidas.

O mundo certamente precisa de ambos, elefantes e gatos. Portanto, não estou aconselhando todos a se tornarem artistas ou escritores.

A decisão depende de você, de seus talentos, pontos fortes e inclinações.

Neste livro, no entanto, vou apenas compartilhar a minha própria história de sobrevivência em um ambiente corporativo, a qual, espero, possa lhe mostrar um caminho para se "libertar" de seu atual cativeiro.

Eu era um Advogado Corporativo, então a maioria dos exemplos que darei tem a ver com o meu trabalho em um Escritório de Advocacia Empresarial. No entanto, não vejo nenhuma razão para que estas percepções não possam ser aplicadas a bancários, consultores, contadores, profissionais de TI ou qualquer outra pessoa.

Este livro se concentra nas estratégias que pessoas introvertidas podem adotar para sobreviver no ambiente de trabalho.

Outros aspectos, tais como, de que forma introvertidos podem conviver bem com extrovertidos, criar filhos introvertidos, namorar ou fazer amigos, etc. não entram no escopo deste livro.

E isso não significa que o livro não seja para extrovertidos.

Pessoas extrovertidas conseguem demonstrar melhor seu entusiasmo, são boas em debater ideias e se vendem bem aos seus chefes.

MAS mesmo os extrovertidos podem e deveriam aprender algumas técnicas introspectivas para passar na frente de seus concorrentes.

Se você está feliz com seu trabalho ou com o que quer que seja que esteja fazendo no momento, pode ler este livro apenas como entretenimento.

As pessoas que conheci no meu local de trabalho eram pessoas reais, mas que são tão interessantes quanto qualquer personagem fictício.

Portanto, você pode ler este livro por puro entretenimento.

Desejo a todos uma ótima leitura!

Capítulo 1: A carreira em um escritório de advocacia empresarial

Permitam-me fazer neste ponto, o que escritores de ficção chamariam de "descrever o cenário" (embora este não seja exatamente um livro de ficção).

O cenário tem como objetivo fazer você entender melhor as partes mais interessantes apresentadas nos capítulos posteriores, especialmente as partes sobre favoritismo e traições.

O que um advogado corporativo realmente faz?

Você sabe o que um advogado corporativo realmente faz?

Eu não sabia, quando eu ainda estava estudando e sonhava em ser um deles.

A percepção popular dos romances de John Grisham, programas de TV como Justiça Sem Limites, Ally McBeal e muitos filmes de Hollywood é que você deveria estar batendo na mesa diante de um juiz (que supostamente está sendo injusto) e gritando furiosamente para provar a inocência de seu cliente.

Ou que você possa estar representando uma velhinha que sofreu trabalhando em uma fábrica de produtos químicos pertencente a uma grande empresa, que se dedica a devastar o planeta Terra apenas para obter lucros exorbitantes.

A FÊNIX QUIETA

Infelizmente, nada tão dramático acontece na vida diária de um advogado corporativo.

Talvez você tenha a oportunidade de exibir seu histrionismo em uma sala de tribunal, se tornando um advogado contencioso.

Mas em qualquer escritório de advocacia, as probabilidades de você representar uma grande empresa em vez da velha senhora são maiores, porque a primeira pode se dar ao luxo de pagar a você e as contas exorbitantes da sua empresa.

O trabalho de um advogado corporativo se passa muito dentro de um escritório. Na maior parte do tempo você estará escrevendo relatórios, aconselhando clientes (por escrito, na maioria das vezes), elaborando ou negociando contratos em nome de seus clientes com outros escritórios de advocacia.

Em termos leigos, se um cliente, por exemplo, quiser montar um negócio, ou abrir o capital de sua empresa na bolsa, virá até você para conhecer as leis às quais ele precisa se adequar.

Da mesma forma que ele procuraria um banco de investimento se precisasse de financiamento.

Curiosamente, tanto o cliente quanto o banco de investimento precisam de advogados para cuidar de seus próprios negócios.

Neste ponto, você pode se surpreender e se perguntar qual a diferença entre este tipo de trabalho e o de um consultor.

Acho que a principal diferença entre eles é que o consultor oferece assessoramento sobre assuntos não-legais, como o desempenho da indústria, o seu potencial futuro e o bom momento para entrar ou sair, enquanto que um advogado corporativo oferece aconselhamento sobre as restrições legais para fazer essas mesmas coisas e as formas legais de contorná-las.

Tamanho e estrutura do escritório

Ao contrário dos escritórios de advocacia do ocidente que empregam um grande número de pessoas, alguns deles milhares de advogados que trabalham em uma grande cidade como Nova York ou Londres, os escritórios de advocacia indianos são relativamente pequenos. O maior deles tinha apenas 400 advogados em um escritório. O escritório em que trabalhei estava na parte central de Nova Delhi e tinha menos de 100 advogados (cerca de 70 na época).

Os escritórios de advocacia têm uma estrutura bastante hierárquica. Suas responsabilidades e expectativas são definidas desde o início e mudam de forma muito gradual.

Isso também pode, naturalmente, ser verdade para a maioria dos locais de trabalho, em especial empresas de consultoria, onde os cargos e funções são bastante semelhantes aos de um escritório de advocacia.

Na Índia, o advogado começa como analista jurídico. No Reino Unido, como trainee.

Um analista precisa subir três níveis para ser considerado para o cargo de analista sênior. Essa hierarquia é normalmente determinada pelo número de anos de trabalho dentro do escritório de advocacia.

Portanto, um analista em seu primeiro ano é considerado de nível A-1, no segundo, A-2 e, no terceiro, A-3. A transição entre esses três níveis é bastante automática e não depende muito do seu desempenho.

A partir do quarto ano em diante, os advogados começam a ser considerados para a posição de analista sênior, dependendo de seu desempenho.

A partir dessa posição, o advogado passa a ser analista principal, para então chegar a analista sócio, antes de se tornar sócio em tempo integral.

Sócio é o cargo mais alto que se pode chegar em um escritório de advocacia.

Ele é responsável por gerir a sua equipe, obter novos clientes, negociar em nome deles, etc. Qualquer documento legal, que deva ser enviado a um cliente, é enviado somente após a aprovação do Sócio.

Ao contrário de outros advogados que ganham um salário fixo, o sócio tem participação direta nos lucros do escritório. O valor pode ser bastante alto (se a sua divisão tem um bom desempenho) e é por isso que quase todos os advogados aspiram a se tornar sócios um dia.

O fato de eu não ter nenhuma intenção de me tornar sócio, embora anteriormente sonhasse em me tornar um advogado corporativo, normalmente me surpreendia.

Uma questão que merece atenção.

Voltando ao nível de analista; em teoria, não há diferença entre o nível de responsabilidade entre dois analistas do nível A-2 (analistas do 2º ano). Ambos têm as mesmas responsabilidades de trabalho.

O que normalmente implica fazer pesquisas legais, auxiliar na auditoria de empresas, elaborar relatórios de auditoria e ajudar analistas sênior e sócios a preparar a primeira minuta dos contratos legais.

Então, tecnicamente você faz o mesmo tipo de trabalho que outro analista do seu nível, mesmo se você é supostamente mais competente.

No entanto, a realidade é um pouco diferente na prática, o que vou tentar explicar em mais detalhes no Capítulo 6 (a parte sobre favoritismo).

No final do ano, cada advogado recebe um bônus (exceto os analistas de primeiro ano), dependendo do desempenho da empresa e de seu desempenho individual. Desta forma, um analista pode receber um aumento de salário entre 5 a 10% ao ano.

Meus pais, que trabalham como funcionários públicos, achavam que esta era uma forma de neutralizar a inflação para quem tivesse um bom desempenho, que no caso do governo, era feito através de "correção monetária" conectadas à inflação de forma igual para todos, independentemente do desempenho individual.

Estrutura da equipe

No escritório de advocacia onde eu trabalhava, os departamentos estavam divididos em Corporativo (incluindo Mercados de Capitais), Contencioso, Fiscal, de Infraestrutura, da Concorrência e Imobiliário.

No departamento corporativo, havia cerca de 25 analistas (incluindo os analistas sênior) e três sócios.

No entanto, não se tratava de uma estrutura de equipe rígida, o que significava que você podia trabalhar com pessoas de níveis diferentes em projetos diferentes.

Assim, era possível ter vários chefes e vários problemas ao mesmo tempo.

Uma situação bastante confusa e caótica, na certa!

Mais tarde, uma equipe separada foi integrada à equipe corporativa, conhecida como "a equipe dos mercados de capitais", a qual consistia de um sócio e dois outros analistas.

Tinha me oferecido para fazer parte da equipe de mercado de capitais, porque até então tinha curtido fazer trabalhos relacionados a essa área.

Além disso, pensei que uma equipe pequena se adequaria melhor ao meu estilo de trabalho.

Capítulo 2: Trabalhando em um espaço Open Office

O meu escritório, como a maioria dos escritórios "modernos", tinha um ambiente open office. Costumávamos nos sentar em cubículos dentro de um espaço aberto.

A ideia era impedir que alguém "dormisse no trabalho", mas de alguma forma me sentia sufocado trabalhando em espaços abertos como esse e achava que eles acabavam reprimindo a criatividade.

O conceito do espaço Open Office

Susan Cain fez um trabalho incrível ao explicar por que e como o conceito de espaço open office evoluiu e por que grandes empresas não querem outra coisa além de escritórios abertos.

Ela chama o aparecimento deste tipo de organização resultado do fenômeno "**New Groupthink**", que se trata de uma filosofia que coloca o trabalho em equipe acima de tudo. A crença geral é que um espaço de escritório aberto facilita o compartilhamento de ideias, observações, e a solução de problemas entre colegas de trabalho de um modo colaborativo e criativo.

As empresas fizeram de tudo para abraçar esta filosofia. E é por isso que atualmente, quando você se candidata a uma posição em qualquer Escritório de Advocacia ou Consultoria, você precisa demonstrar que possui um espírito de equipe e apresentar exemplos concretos de como você se saiu bem nesse tipo de contexto. Discussões em grupo e várias outras atividades são organizadas para avaliar essa habilidade. Formulários de avaliação também são estruturados e refletem a mesma fórmula "New Groupthink".

Grandes empresas em economias emergentes também vêm tentando imitar os seus homólogos ocidentais. A sensação é de que, como as grandes empresas americanas seguem o "New Groupthink" e são bem-sucedidas, devemos fazer o mesmo para sermos ainda mais bem-sucedidos.

Nem é preciso dizer que espaços de escritórios abertos também ajudam os chefes a observar o que seus subordinados estão fazendo e quanto tempo passam no trabalho e no Facebook. Quantas intervalos para o cafezinho estão fazendo e quem está saindo pontualmente no final do expediente.

No entanto, acredito que o conceito open office é realmente uma grande furada.

Como muitos estudos demonstram, as descobertas mais originais e inovadoras foram feitas em ambientes mais silenciosos.

É somente sozinho que você consegue se concentrar, analisar o seu desempenho, melhorar suas habilidades e praticar aquilo em que você precisa melhorar.

Os problemas que introvertidos enfrentam em escritórios open office

Sophia Dembling, autora de *The Introvert's Way: Living a Quiet Life in a Noisy World* ("O Caminho do introvertido: vivendo uma vida tranquila em um mundo cheio de ruídos", em tradução livre) explica o anátema muito bem. Ela chama o espaço de escritório aberto de "cubículo sugador da privacidade", e acrescenta:

"Pensar pode se tornar algo extremamente difícil para nós (Introvertidos), quando somos forçados a ouvir as conversas telefônicas de outros colegas, quando não conseguimos evitar que a fofoca do escritório pare na nossa mesa para um bate-papo, quando é impossível conseguir um pouco de silêncio e solitude."

Minha experiência pessoal com espaços Open Office

Como era recém-saído da faculdade, onde haviam pelo menos mais 25 alunos na mesma sala, não tive muita dificuldade para me adaptar a um espaço de trabalho aberto. A princípio, não achei difícil me concentrar com pessoas ao meu redor simplesmente porque não achava que teria outra opção.

Os analistas sênior tinham cubículos individuais. Algumas vezes tinha que me sentar nesses cubículos para trabalhar com um sênior.

Para falar a verdade, achava esses espaços fechados mais sufocantes do que os espaços de escritórios abertos.

Gostava de estar rodeado de pessoas, o que também facilitava na socialização com outros colegas, na participação de algumas sessões de fofocas esporádicas (geralmente sobre o mesmo chefe sem noção) e na hora de ficarmos caçoando uns dos outros.

A maior parte do tempo meus colegas estavam ocupados e digitavam sem parar, como malucos.

De fato, não achava que a minha concentração ou produtividade eram afetadas por causa desse espaço de escritório aberto. E não sou o único que se sentia assim.

Susan Cain também admite que tem dificuldades para digitar até mesmo algumas teclas em seu escritório de casa. O motivo era que, sentada sozinha em uma sala enorme, ela se sentia muito isolada do mundo, mesmo em um ambiente com muita luz solar.

Foi assim que ela escreveu seu best-seller em uma "cafeteria lotada da vizinhança". Ela percebia que a mera presença de outras pessoas no café fazia sua mente dar saltos associativos.

Isso me lembrou da época de faculdade, quando muitas vezes deixava o alojamento onde morava para estudar em uma biblioteca (um lugar cercado de pessoas). Tinha a percepção que conseguia me concentrar mais em uma biblioteca do que sozinho no meu quarto.

Então, pelo menos para mim, trabalhar em um espaço de escritório aberto não era realmente um grande problema. Os poucos amigos e contatos que fiz ocorreram graças ao espaço de escritório aberto.

O que fazer se você não gosta de um espaço Open Office

Tenho ouvido e lido que muitas pessoas mais reservadas enfrentam dificuldades em um espaço de escritório aberto. Se você for uma delas, então a primeira má notícia é que há muito pouco que você pode fazer sobre isso.

Certamente não poderá se queixar ao departamento de RH de que se sente incomodado com os cubículos sem paredes. Simplesmente dirão para você se acostumar com ele (este é o caso da maioria dos locais de trabalho, com algumas exceções).

Mas não se preocupe, eu tenho uma solução.

No escritório de advocacia onde trabalhava, a equipe corporativa ficava no 11º andar, mas havia muitas salas de conferências no 8º andar destinadas a reuniões com clientes.

Muitas vezes, quando tínhamos um trabalho muito importante em mãos, como a revisão de um contrato, os analistas sênior/líderes de equipe pediam para que fôssemos a uma das salas de conferências no 8º andar, onde havia mais espaço e luz natural e era possível trabalhar isolado.

Isto era, na verdade, uma bênção para alguns dos meus colegas que adoravam trabalhar sozinhos em um espaço tranquilo.

Já observei várias vezes que a maioria dos locais de trabalho possui salas de conferências que ficam vazias a maior parte do tempo. Então, se você odeia a configuração aberta do seu escritório, sugiro que faça o seguinte.

Fale com o analista sênior/líder de equipe ou a pessoa com quem trabalha e diga-lhe que o assunto com o qual está lidando requer muito foco e atenção e que você é mais produtivo trabalhando sozinho em um espaço tranquilo (como uma sala de conferências) do que em seu cubículo.

A FÊNIX QUIETA

Tenho certeza de que o líder de equipe não terá nenhum problema em aceitar sua proposta.

Isso eu descobri com minha própria experiência. Os líderes de equipe (mesmo os menos razoáveis) não viam nenhum problema em atender a este pedido.

Mas sugiro informar a seu chefe de equipe antes de procurar um lugar tranquilo. Desta forma, você lhe poupa o trabalho de ter que procurar por você por todo o escritório.

Às vezes, acontece da sala de reuniões que você escolheu estar reservada para uma reunião. Certamente você não deseja se colocar nesta situação constrangedora, em que os clientes entram e o encontram sentado lá.

A coisa óbvia a fazer, então, é pedir para a recepcionista confirmar a disponibilidade das salas de conferência. A maioria das recepcionistas é muito atenciosa.

Consegui fazer amizade com uma recepcionista que era tão prestativa que, às vezes, até me alertava quando o gerente estava vindo inspecionar a sala, para que pudesse me mudar para outra.

Trabalhar sozinho é possível se você desenvolve relacionamentos sólidos com seus líderes de equipe e outros colegas. Isso é possível interagindo com eles de forma direta e frequente.

Muitas pesquisas concluíram que as pessoas introvertidas têm um grande potencial para interagir de forma positiva com uma única pessoa. Jennifer Kahnweiler, autora do livro *Quiet Influence: The Introvert's Guide to Making a Difference* ("A influência dos quietos: guia para introvertidos fazerem a diferença", em tradução livre) apontou essa característica como uma força dos Influenciadores mais calados. Ela chama essa força de conversação focada. Em seu livro, ela utilizou vários estudos de caso para ilustrar como alguém introvertido pode usar suas qualidades de forma diferente e eficaz em várias situações.

Vou começar com uma pergunta.

Você prefere conversas com uma única pessoa ou com várias em grupo?

Alguma vez já teve a sensação que consegue estabelecer relações mais profundas quando interage com apenas uma pessoa do que em uma grande reunião social?

Pense nisso.

No meu caso, devo reconhecer que o livro de Kahnweiler me fez refletir e perceber que eu estava, inconscientemente, usando essa minha qualidade para fortalecer meu relacionamento com a minha líder da equipe, meus colegas, a recepcionista, o encarregado da seção de marketing, as secretárias, o office boy e assim por diante.

Vou contar com um pouco mais de detalhes como fiz isso.

Por que conhecer a recepcionista sempre ajuda

Algumas pessoas se comportam como se estivessem flertando com as recepcionistas e secretárias.

A FÊNIX QUIETA 49

Em Londres, estava fazendo um estágio de férias em um escritório de advocacia de médio porte. O sócio com o qual estava trabalhando costumava sair do seu cubículo, fazer comentários insinuantes para a recepcionista e até mesmo beliscá-la por trás, você sabe onde!

Não tenho certeza se a secretária realmente não se importava com isso, mas eu me sentiria muito desconfortável se tomasse tanta liberdade com as recepcionistas e secretárias.

Pode até se tratar de uma questão cultural e, obviamente, a forma como você se comporta depende muito do seu relacionamento com essa pessoa.

Mas o tipo de comportamento que vi em Londres pode, muitas vezes, ser interpretado de forma errada. Meu conselho: não aja de forma EXTROVERTIDA neste caso.

Quanto a mim, minhas interações costumavam ser muito simples e diretas. A recepcionista costumava estar no 8º andar e nós trabalhávamos no 11º. Algumas vezes, eu descia para a sala de conferências do 8º andar para trabalhar sozinho ou para acompanhar o analista sênior em reuniões com clientes.

Conseguia ver a recepcionista sentada atrás da mesa, olhando para a tela do computador, com uma cara de tédio. Passava por ela e falava, "Oi, tudo bem? Você parece estar muito aborrecida hoje!"

Com esses comentários ela se abria imediatamente. O rosto se iluminava. Começava a falar sem parar e eu tinha que ficar ali e fingir ser um bom ouvinte.

Ela normalmente respondia da seguinte forma:

"Sim, estou muito entediada...não tenho muito que fazer...Venho todos os dias às 9h30, jogo alguns jogos na internet...atendo ligações irritantes de clientes e sócios...e a recepcionista sênior é uma chata..."

E então eu perguntava "por que...o que ela fez hoje?"

"Não comente nada com ela...ela me repreende todo o tempo sem nenhuma razão...e faz comentários estranhos sobre o meu vestido...me pediu para não jogar no computador...que vai contra as regras do escritório, segundo ela...mas o que eu vou fazer, então? Escrever relatórios imensos como vocês?...Não estou nem aí...Deixo ela resmungando...enquanto aproveito uma oportunidade de jogar ou conversar quando ela vira as costas...", ela continuava contando.

"É mesmo?", respondia.

"Além disso, meu relacionamento com meu namorado não está indo muito bem", disse ela.

Ficava surpreso com a quantidade de pessoas dispostas a compartilhar suas relações pessoais comigo.

"O que está acontecendo com o seu namorado?", tinha que perguntar.

"Começou a agir de forma estranha recentemente...Não atende mais os meus telefonemas...", contava.

"Sinto muito por ouvir isso", dizia eu, no máximo.

As conversas não passavam de dois minutos. Não conversava com ela todos os dias.

Na verdade, essas conversas eram bastante raras. Às vezes, ela subia ao 11º andar para se exercitar um pouco, suponho, e me perguntava como eu estava. E isso era tudo.

Mas percebi que, mesmo as conversas simples melhoraram muito o meu relacionamento com ela. Ninguém neste mundo se importa com o que a recepcionista está sentindo. Perguntas simples como "Por que você está chateada hoje?" ajudaram muito a essa simples funcionária a se sentir considerada enquanto ser humano e notada pelos demais.

Para mim, a vantagem imediata era que, como já tinha estabelecido um relacionamento próximo com a recepcionista, era mais fácil perguntar a ela sobre a disponibilidade das salas ou sobre o humor dos analistas sênior naquele dia ou pedir ajuda para uma reserva de viagem urgente e assim por diante.

Meu conselho: basta ser amigável. Você irá se surpreender como uma simples recepcionista pode se tornar versátil e prestativa.

Como chamar a atenção dos líderes de equipe

Como já mencionei, meu Escritório inicialmente não seguia uma estrutura de equipe rígida.

Muitas vezes, eu trabalhava com equipes diferentes, envolvendo pessoas diferentes e líderes de equipe diferentes para realizar operações diferentes.

A maior parte do trabalho que desenvolvi como analista se referia a auditorias em empresas, o que consistia em revisar documentos confidenciais fornecidos pela empresa-cliente.

Muitos deles estavam relacionados a negócios feitos pela empresa e os contratos com outros parceiros de negócios, escrituras de imóveis, regulamentações da bolsa de valores, licenciamentos recebidos de outras empresas, processos criminais pendentes contra os proprietários ou diretores da empresa, etc.

Então, o nosso trabalho consistia em analisar esses documentos, detectar potenciais problemas e enviar um relatório aos nossos clientes.

Como todos esses documentos eram considerados "confidenciais", as empresas reservavam uma sala especial com uma pilha destes documentos, conhecida como a "sala de dados". Muitas vezes, tínhamos que ir para essas salas de dados para avaliar esses documentos.

A atmosfera isolada dessas salas provou ser uma excelente oportunidade para desenvolver relações sólidas com os líderes de equipe e colegas.

Nossas equipes geralmente eram pequenas, compostas de um líder de equipe e dois ou três colegas de trabalho. Pude perceber que este tamanho de grupo é ideal para permitir interações diretas com uma pessoa, que iam além da conversa fiada da qual somos forçados a participar em grupos maiores.

E foi assim que consegui desenvolver um relacionamento muito bom com o meu primeiro líder de equipe sênior. Ele morava a uma distância considerável do escritório. Então ele preferia chegar ao escritório primeiro e, dali, pegávamos um táxi do escritório até a sala de dados.

Conversávamos muito durante o trajeto. Ele me contava que sentia muita saudade dos tempos da faculdade e que, se não tivesse se tornado advogado, gostaria de ter sido professor.

Ele cantava muito bem, e tive a oportunidade de ouvi-lo cantando e cantarolando algumas vezes. Ele me contou que já havia pensado em se tornar cantor e que tinha participado de uma competição de canto na escola.

Mas durante a competição, podia ver seus amigos sentados na parte de trás do auditório rindo dele. Isso o distraiu e ele acabou perdendo a competição.

Ele também havia trabalhado em Londres, em um dos principais e mais prestigiados escritórios de advocacia da cidade, e costumava relembrar da temporada de trabalho por lá. Como eu, ele também gostava dos dias nublados e frios de Londres.

Isso pode ser um pouco chocante para muitos dos meus amigos londrinos, que anseiam por um pouco de sol. Mas na Índia temos muito dias de sol, por isso um dia nublado e frio é, na maioria das vezes, muito bem-vindo.

Ele também me contava sobre o escritório indiano onde trabalhara por cerca de dois anos e onde permanecia muitas horas depois do fim do expediente.

Comentou que o diretor desse escritório estava quase maluco.

Tinha instalado alto-falantes no escritório e sempre que precisava repreender alguém (sobre arquivos que estavam no lugar errado ou qualquer outra coisa), ligava seu microfone e deixava todo o escritório escutar as suas ameaças, dizendo que "da próxima vez que fulano fizesse isso, iria fritar o seu sa**.

O objetivo disso era servir de exemplo para outros advogados júnior, de que se eles errassem novamente, teriam que estar prontos para enfrentar este tipo de humilhação pública.

Desta forma, trocávamos muitas informações sobre temas variados, como a superlotação dos metrôs de Londres ou se os astrólogos realmente conseguem prever o futuro com precisão.

Minha líder de equipe seguinte tinha uma natureza totalmente diferente. Nós, os analistas júnior, a chamávamos de "*Kabadi Rani*", em Hindi, que em uma tradução livre quer dizer a "Rainha das mancadas", porque ela tinha o hábito de se preocupar com detalhes insignificantes e apontar os erros dos colegas, enquanto ela era a Miss Perfeita.

Ela estava trabalhando bastante com o Mercado de capitais e tive algumas interações muito interessantes com ela. Ela me dizia que acreditava ter um grande futuro no Mercado de Capitais, porque esse setor era supostamente "seco" e sem glamour, onde a concorrência com outros advogados era menor.

Ela estava confiante de que, assim que acumulasse alguma experiência no escritório, teria mais facilidade para conseguir ir para outro escritório de advocacia de prestígio. Ficava surpreso com o quanto algumas pessoas eram tagarelas a ponto de compartilhar algo aparentemente tão confidencial com estranhos.

E quando perguntei a ela "você tem se esforçado bastante...você acha que será reconhecida pelo seu esforço?"

Ela respondeu com lágrimas nos olhos "Acho que você já sabe a resposta...e a resposta é NÃO..."

Ela também mencionou que não estava tendo um bom relacionamento com a mãe, que costumava estar sempre doente.

Então, ela tinha que sair do escritório mais cedo, cuidar de sua mãe, cozinhar para ela em casa, etc.

Ela era solteira e sua família ainda tinha que encontrar um marido adequado para ela. Então, a vida não era muito justa.

Vendo a situação do seu ponto de vista, eu não podia deixar de me sentir mal por ela.

Pensei que nós tínhamos nos tornado bons amigos até que descobri que ela tinha puxado o meu tapete.

Mas falarei sobre isso um pouco mais adiante.

De qualquer forma, o que quero dizer é que não vejo nenhum motivo que impeça introvertidos de desenvolver relacionamentos sólidos com seus chefes, muitos dos quais provavelmente também são introvertidos.

De fato, acredito que os introvertidos veem assuntos que vão de problemas pessoais e mudanças de emprego a questões filosóficas e metafísicas complexas como algo muito mais interessante e emocionante do que uma conversa fiada sobre o clima.

Pelo menos é assim que eu penso. Cada pessoa tira suas próprias conclusões. Mas esteja atento a oportunidades para conversar com as pessoas em seu local de trabalho; estou certo de que você vai gostar dos assuntos que irão surgir.

Até certo ponto, um escritório aberto facilita a interação entre colegas de uma forma casual. Sempre que tinha vontade de fazer um intervalo, me levantava e passava pelo cubículo de outra pessoa para bater um papo.

Às vezes, a pessoa se desculpava dizendo que estava muito ocupada com um projeto e gostaria de conversar mais tarde, e tudo bem.

No entanto, um escritório aberto possibilita a movimentação de um lado para o outro e se comunicar até com um simples olhar. Meus colegas também vinham até a minha mesa para retribuir meus gestos quebra-gelo.

Este processo teria se tornado muito mais difícil e formal se todos tivessem suas próprias salas, o que significaria bater na porta e pedir permissão antes de entrar.

Acredito que esse tipo de configuração espacial quase impossibilita interações casuais e amigáveis, ainda mais para pessoas introvertidas como eu, que hesitam em se intrometer na privacidade de outra pessoa.

Um open office; portanto, NÃO é algo tão ruim, como retratado por autores como Susan Cain. Sim, trabalhos muito criativos podem ser prejudicados, e é aqui que entra o meu "truque da sala de conferências".

Mas para trabalhos de rotina, com bate-papos casuais e com ocasionais brincadeirinhas amigáveis, nada melhor do que a atmosfera alegre e aberta de um de escritório sem divisórias. As pessoas introvertidas também têm necessidades de socialização e o escritório aberto lhes dá uma oportunidade de socializar no escritório, o que é ótimo.

Basta cuidar para que a interação fique dentro dos limites aceitáveis, se não quiser ver o seu chefe de cara feia.

Como as secretárias podem ajudar

Outra vantagem do sistema de escritório aberto, no meu caso, foi que me permitiu interagir com as secretárias.

No escritório onde trabalhava, cada sócio tinha uma. A maioria das secretárias podem ajudá-lo com questões como fazer fotocópias, compilar relatórios e imprimir de cartas no papel timbrado da empresa.

No entanto, mesmo quando os Sócios não estavam no escritório, a maioria das secretárias fingiam estar muito ocupadas. Pedir ajuda diretamente a elas simplesmente não funcionava.

No meu caso, tive a sorte de ter cultivado um ótimo relacionamento com um dos secretários que trabalhava para o sócio do mercado de capitais. Ele gostava de conversar com todo mundo. Muitas vezes ele vinha até minha mesa para bater papo. O interessante era que ele não gostava de papo furado, mas de conversas com um conteúdo filosófico e profundo.

Ele me contava coisas como, "estou lendo o Livro Tibetano dos Mortos".

Como tinha me formado em Filosofia, conversar sobre "vida após a morte" ou assuntos similares não era um problema para mim. Creio que este é o tipo de discussão mais profunda que muitos introvertidos apreciam.

Uma vez, esse secretário viu uma citação na mesa de alguém que dizia algo como:

"A experiência é a maneira mais dolorosa de aprender as coisas", e começou a debater sobre o tema.

"Por que a experiência precisa ser dolorosa? O que essa citação realmente significa? ele perguntava.

Poderíamos passar horas debatendo sobre o tema. O resultado foi que desenvolvemos um tipo de vínculo do qual eu podia me valer se precisasse fotocopiar algo, etc.

No entanto, tente fazer as coisas à sua maneira.

Cultive relacionamentos com as pessoas da maneira que achar mais apropriada.

Se você se vê como uma pessoa introvertida, deve perceber que tem o dom de manter conversas focadas.

Use isso em seu benefício.

Não deixe a configuração de espaço de escritório aberto afetar a sua produtividade e seus relacionamentos.

Se você não gosta de conversa fiada, não deixe que isso o incomode. Você achará assuntos que são importantes para você.

A FÊNIX QUIETA

Não procure a oportunidade. Deixe a oportunidade aparecer para você.

Às vezes, pode ser necessário esperar o momento certo, mas tenha certeza de que esse momento eventualmente virá.

Ainda me lembro do dia em que eu estava deixando o escritório. Me despedi de todos com quem eu tinha criado algum tipo de vínculo.

Fiquei surpreso ao ver que muitas pessoas se emocionaram.

E eu pensando que ninguém se importava com a minha existência.

Mas as pessoas pareciam realmente ter sentido a minha saída, e me disseram que sentiriam bastante a minha falta.

Outras formas de trabalhar em ambientes de trabalho abertos

Li que algumas empresas estão criando espaços flexíveis de escritórios abertos, com estações de trabalho individuais, lugares calmos, cafeterias, salas de leitura e espaços onde as pessoas podem interagir facilmente umas com as outras.

Suponho que essas empresas estejam reconhecendo a importância de trabalhar sozinho e respeitando as necessidades de ambos introvertidos e extrovertidos.

A Microsoft, aparentemente, é um exemplo. Lendo o livro de Susan Cain, *O poder dos quietos: como os tímidos e introvertidos podem mudar um mundo que não para de falar*, soube que a

Microsoft projetou seus escritórios de tal forma que os funcionários podem usar paredes móveis e portas de correr para trabalhar em equipe e criar seu próprio espaço privado quando precisam se concentrar em algum trabalho individual.

A disponibilidade de tais instalações podem ser algo importante de se ter em mente ao se candidatar a postos de trabalho.

No entanto, pouquíssimas empresas compreendem as necessidades dos introvertidos.

Então, geralmente, não há opção a não ser explorar o que funciona considerando a cultura do seu escritório.

Existe a possibilidade de você trabalhar em uma biblioteca, uma sala de leitura ou em uma sala de conferências?

Ou, como Sophia Dembling sugere, usar fones de ouvido para escutar música enquanto trabalha, se funcionar melhor para você.

Descubra o que funciona melhor dentro da cultura do seu local de trabalho, e eu tenho certeza que você encontrará uma solução.

Moral da história

É bem provável que o escritório em que você trabalha tenha um ambiente open office. Na maioria das vezes, não há nada que você possa fazer sobre isso. No entanto, você pode tentar usar o design do espaço de escritório aberto em seu benefício.

A FÊNIX QUIETA 61

Você tem as habilidades para criar vínculos profundo com seus colegas, chefes, secretárias e recepcionistas. Utilize as interações diretas com as pessoas para conquistar a confiança de seus chefes/líderes de equipe e poder dizer a eles por que em certos momentos você precisa trabalhar sozinho para alcançar melhores resultados.

Descubra onde ficam os espaços silenciosos em seu escritório. Pode ser uma sala de conferências vazia ou uma biblioteca. Use esses espaços onde há menores probabilidades de você ser interrompido quando deseja fazer algo produtivo.

A existência de uma configuração de escritório aberto flexível ou não pode ser útil na hora de decidir se você deve se candidatar a um emprego em certo lugar.

No final das contas, se nada funcionar, e seu supervisor não se importar, conecte seu fone de ouvido e ouça música.

Então, descubra o que funciona melhor dentro da cultura corporativa do seu local de trabalho e tente implementá-lo.

Capítulo 3: Você nasceu para fazer hora extra?

Eu pensava que gostava de meu trabalho. Tinha facilidade em detectar possíveis problemas, era bom (alguns diziam ótimo) em redação, detalhista; todas as qualidades que poderiam me ajudar a me tornar um advogado corporativo excepcional.

Não era invenção minha – eu era verdadeiramente elogiado pelos sócios da firma. Adorava pegar trabalhos de auditoria "chatos" e bem complexos. Realmente gostava de analisar contratos e anotar potenciais questões preocupantes. Me divertia verificando o regulamento da bolsa de valores, escrevendo relatórios, memorandos e pareceres para os clientes.

Então o que é que realmente me apavorava?

A resposta: trabalhar depois do expediente.

Desde a faculdade ouvia falar que advogados corporativos ficavam muitas horas depois do expediente trabalhando em negociações empresariais complexas e operações de estruturação. Isso me perturbava um pouco, mas pensei que não tinha razão para ficar tão paranoico, e que saberia lidar com a situação quando chegasse a hora.

No entanto, quando comecei a trabalhar e a sentir na pele as horas extras de trabalho, percebi que elas estavam acabando com a minha saúde! Estava faltando cada vez mais ao trabalho em consequência de estados febris que duravam dias. Perto do fim da minha carreira, comecei a ter terríveis dores nas costas.

Costumava me sentir cansado e totalmente sem energia. Não tinha tempo nem mesmo para me exercitar, já que as empresas indianas, ao contrário de suas homólogas ocidentais, não ofereciam instalações desse tipo perto de seus locais de trabalho. Alguns dias o meu nível de estresse estava tão alto que tinha a sensação de que teria um colapso mental.

Estava, sem dúvida, ficando esgotado.

O problema é que não estávamos trabalhando tanto para atender a prazos urgentes. As pessoas costumavam permanecer no escritório mesmo quando havia pouco trabalho.

Esta era a pior parte. Alguns dos analistas sênior chegavam tarde ao trabalho, quase ao meio-dia e, então, ficavam até mais tarde.

O motivo era uma política não explicita do escritório de que estava tudo bem chegar atrasado ao trabalho se você compensasse ficando depois do expediente. A ideia era ser benevolente e flexível. E mesmo ficando após o horário, esses analistas iam para casa dormir, colocavam um pouco do sono em dia e, então, voltavam a trabalhar no período da tarde.

Mas isso se tornou uma prática comum, mesmo quando as coisas estavam mais calmas.

Os sócios também não se importavam com a atitude dos advogados. Chegar tarde ao escritório era aceitável, desde que você ficasse até mais tarde para compensar.

O inverso, infelizmente, não funcionava assim. Sair às 18h30 não era aceitável, mesmo quando você chegava às 9h30 e terminava seu trabalho a tempo.

Me perguntava o porquê disso, e só agora percebi os motivos reais.

Naquela época, nos faziam sentir culpa por não trabalhar tempo "suficiente". O sócio de mercado de capitais que trabalhava comigo me disse que eu precisava me aumentar a "minha capacidade de trabalho".

Pensei que havia algo de muito errado comigo. Foi apenas uns dois anos mais tarde que descobri a razão de me sentir tão cansado depois de ficar além do horário de expediente. Agradeço tanto a Susan Cain quanto a Jennifer Kahnweiler por terem explicado o motivo em seus livros.

Um introvertido precisa fazer intervalos para ficar em silêncio a fim de recarregar as baterias. Isto é o que Susan Cain chama de "intervalo restaurador" e Jennifer Kahnweiler chama de "tempo de silêncio". Esses intervalos podem ser feitos de várias formas. Podem se referir a um lugar físico onde você vai para estar consigo mesmo ou um lugar mental, como uma meditação.

De fato, os introvertidos ficam exauridos fisicamente, se não fizerem esses intervalos para ficar em silêncio.

A FÊNIX QUIETA 65

Susan dá dois exemplos em seu livro. Ela fala de um professor que teve pneumonia dupla após uma vida toda dando inúmeras aulas, escrevendo recomendações para seus alunos, etc.

O segundo exemplo que a escritora dá é sobre o senador Al Gore, o célebre ganhador do Prêmio Nobel pelo seu documentário Uma verdade inconveniente, quem, como introvertido confesso, ficava doente se fosse sobrecarregado com trabalho.

Como isso se aplicou à minha vida

Quando trabalhava em escritórios de advocacia, percebia que conseguia recuperar as energias se saísse do trabalho até as 19h, fosse para casa, lavasse o rosto, trocasse de roupa, e jantasse. Só depois disso me sentia renovado o suficiente para terminar o meu trabalho.

Este era, aparentemente, o meu tempo de silêncio ou intervalo restaurador.

Se por alguma razão não conseguisse esse tempo para mim, me sentia totalmente exaurido. Foi assim que decidi compensar as horas que não fazia após o expediente cumprindo todos os prazos, mesmo que isso significasse chegar ao escritório às 9h30 enquanto meus colegas continuavam chegando a hora que quisessem.

Tampouco participava de longas sessões de fofoca ou intervalos para o cafezinho. Trabalhar durante oito horas seguidas normalmente era o suficiente para eu terminar o que tinha que fazer cada dia.

É claro que tinha dias que eu tinha que ficar depois do horário, e então, levava trabalho para casa. Me refrescava, e então, voltava a trabalhar em casa até finalizar um determinado projeto, por volta das 23h.

Preciso confessar uma coisa. Não são somente os introvertidos que se sentem exaustos após trabalhar além do horário normal.

Meus colegas extrovertidos sofriam da mesma forma. Uma garota extrovertida que costumava se sentar no cubículo ao lado do meu também se sentia da mesma forma, mas por uma razão muito diferente.

Ela precisava ver seu namorado, fazer compras ou se divertir depois do expediente para recarregar as energias. Então, trabalhar depois do expediente era ruim para todos: extrovertidos, introvertidos, homens, mulheres, sócios, analistas sênior, analistas, ou qualquer outra posição.

De qualquer forma, para mim, trabalhar em casa depois do expediente parecia ser a solução perfeita.

Autorização dos analistas sênior para trabalhar em casa

No nosso escritório, recebíamos notebooks e chips de dados (para acessar a internet) para que pudéssemos trabalhar em qualquer lugar. Não tínhamos desktops.

Era mais fácil levar um notebook para as salas de dados e aos escritórios do cliente quando tínhamos uma reunião. Eles também eram mais robustos e resistiam mais a locais empoeirados, flutuações e quedas de energia elétrica do que os desktops.

A FÊNIX QUIETA

Alguns dos analistas sênior que trabalharam comigo tinham empatia suficiente para entender que eu era mais produtivo em casa do que no escritório, após o expediente. Um dos meus líderes de equipe até mesmo me incentivou a sair do escritório às 19h e enviar os documentos por e-mail durante a noite.

Isso funcionava muito bem para mim. Poderia voltar para casa as 19h30, me refrescar, jantar e, em seguida, trabalhar de novo no notebook que levava para casa. Desta forma, quase sempre conseguia fazer meu "intervalo restaurador".

Havia dias em que toda a equipe ficava até mais tarde. Então eu também tinha que ficar, mas eu podia relaxar um pouco quando meu trabalho não me exigia muito.

Eu não era o único que recorria a opção de trabalhar de casa. Minha amiga extrovertida, que mencionei anteriormente, também entrava em "acordos" semelhantes com seus supervisores.

Isto lhe permitia sair do escritório por volta das 19 horas, passar parte da noite com seu namorado e terminar seu trabalho mais tarde em casa. E assim, também podia chegar mais tarde ao escritório no dia seguinte, porque tinha a desculpa de ter trabalhado até mais tarde.

Então, se você odeia trabalhar após o expediente, talvez trabalhar de casa seja uma solução.

Quer você seja uma pessoa extrovertida ou introvertida, ganhar a confiança de seus supervisores pode fazer uma enorme diferença. Comente com eles que você consegue ser produtivo mesmo de casa.

Tenha em mente que o seu supervisor somente concordará com você, se você garantir que cumprirá todos os prazos. Caso isso funcione, é mais fácil fazer seu horário. É evidente que você deve respeitar os prazos. Não é possível ter as duas coisas: sair mais cedo e perder prazos importantes.

Esse tipo de acordo me proporcionou um alívio temporário. Alguns dos analistas sênior com quem trabalhei não entendiam isso de jeito nenhum.

Um deles teve uma atitude particularmente insensata com esta situação. Meus conflitos com esse "cavalheiro" a quem me refiro como "Sr. Corujão" já foram narrados no início do livro sob o título "Agora vou contar uma outra história..."

Embora aquela "história" tenha tido um final feliz para mim, você irá descobrir em breve que o "Sr. Corujão" seguia muito atentamente a ética prevalecente na maioria dos locais de trabalho.

O conceito do comprometimento atrelado ao trabalho após o expediente

Felizmente, tive o privilégio de pesquisar sobre este tema para uma das minhas dissertações na minha época de faculdade em Londres. O foco era a sua aplicação ao setor jurídico. Mas, como pude constatar, esse conceito também se aplica à maioria das outras áreas.

Como você pode (ou não) saber, um advogado corporativo cobra de seus clientes por hora. Quanto maior o número de horas, mais elevados serão os honorários cobrados. Há uma piada que fala sobre um advogado corporativo que tinha exagerado tanto para calcular o número de horas trabalhadas, que quando morreu e foi para o céu, sua idade somava 120 anos, considerando o número de horas supostamente trabalhadas!

Enfim, a questão é que, se a sua receita está ligada ao número de horas trabalhadas, então é óbvio que o seu desempenho também fica atrelado ao número de horas que você trabalhou.

Os bônus de final do ano são calculados com base nessas horas.

A situação chega a tal ponto que os advogados corporativos acabam fazendo muita hora-extra e, às vezes por dias, sem qualquer descanso. Mas não é sempre assim.

A maioria dos dias é normal; somente em determinados momentos é que é preciso ficar após o expediente.

O problema, porém, é que as horas-extras logo são vistas como um ato heroico, a ser seguido por todos.

Mesmo nos dias em que há menos pressão, trabalhar após o expediente se torna uma norma socialmente aceita ou uma referência de prática jurídica. Muitos analistas e analistas sênior no meu escritório, deliberadamente, começavam a trabalhar mais tarde para que pudessem ficar até tarde da noite, e assim provar que estavam trabalhando duro.

Menos horas de sono prejudicam a saúde a longo prazo; no entanto, isso é visto como uma prática heroica porque passa a impressão de alguém disposto a arriscar sua vida pelo o bem-estar do escritório.

Soa tão nobre, não é?

No ocidente, trabalhar até tarde é um pouco mais aceitável, já que muitos escritórios internacionais fecham negócios que englobam fusos horários diferentes. Portanto, se um negócio está sendo fechado em Hong Kong no período da tarde, em Nova York, as pessoas ficam até mais tarde através de uma videoconferência.

Na Índia, é um pouco diferente. A maioria dos clientes indianos é muito mesquinha quando se trata da remuneração de advogados. Os clientes indianos preferem pagar um valor fixo a remunerar pelas horas trabalhadas. A maioria dos negócios que fechávamos era dentro do próprio país e não envolvia fusos horários diferentes. Então, não havia sentido trabalhar até mais tarde.

Mesmo assim, o mais curioso é que na Índia as pessoas começam tarde, por volta do meio-dia, e depois ficam até tarde da noite. O número de horas de alguém que trabalha das 9h às 19h e das 12h às 22h é o mesmo.

No entanto, éramos percebidos somente de acordo com o tempo que permanecíamos no escritório, e não pela hora de chegada pela manhã (porque presume-se que as pessoas que chegam tarde não percebem que você já estava no escritório).

É aqui que entra o comprometimento. Se você dedica a maior parte do seu tempo no escritório, você é visto como alguém "comprometido".

A FÊNIX QUIETA

Mas como "a maior parte do seu tempo" é calculada? Se as pessoas veem você sentado no escritório até tarde da noite, então você está passando a maior parte de seu tempo no escritório. Não importa a hora que você chega pela manhã!

Se você argumentar que a qualidade de horas é mais importante do que a quantidade ou que manter um equilíbrio entre sua vida profissional e pessoal é importante, você logo é tachado de chato, afeminado ou maricas.

Resumindo os meus problemas

Mesmo quando finalizava meus projetos a tempo e com a qualidade esperada, a percepção "popular" era de que eu não ficava acordado até tarde. Meu "acordo" com alguns supervisores para trabalhar em casa após o expediente não surtiu nenhum efeito. O veredicto continuou sendo que eu não estava "comprometido" com o meu trabalho.

O escritório sem paredes também dificultava a situação.

Eu saia no horário e ia trabalhar em casa, enquanto meus colegas (trabalhando com equipes diferentes e em diferentes projetos) ficavam no escritório até tarde.

É muito fácil de perceber quem está chegando e saindo e a que hora em um escritório aberto.

Alguns não gostam disso. Alguns chegaram até mesmo a reclamar com o RH (Recursos Humanos).

Fiquei surpreendido um dia ao receber uma ligação de uma colega do RH pedindo para ir conversar com ela pessoalmente.

Ela me contou que alguns dos meus colegas (não revelou seus nomes, é claro) tinham se queixado que eu saia mais cedo, enquanto os outros estavam sobrecarregados de trabalho.

Quis saber se eu tinha algum problema para não ficar após o expediente.

Pensou que eu provavelmente tinha algum compromisso familiar, uma mãe doente para cuidar e assim por diante.

Fui sincero e lhe disse que eu era mais produtivo à noite em casa e que eu estava tão sobrecarregado com trabalho quanto meus outros colegas.

"Houve alguma reclamação com relação ao não cumprimento de prazos ou à qualidade do meu trabalho?", perguntei.

"Não, na realidade, você é visto como alguém de muita confiança. Seus supervisores me dizem que você sempre cumpre todos os prazos. Eles ficam muito tranquilos, porque quando enviam um documento para você, ele volta dentro do prazo e com uma ótima qualidade", a funcionária do RH respondeu.

"Então, a qualidade do meu trabalho não é mais importante do que de onde e quando trabalho?", rebati.

"Mas ninguém vai entender isso. As pessoas ficam até mais tarde e esperam que você esteja por perto. Em outros escritórios as pessoas também trabalham até tarde. É um fenômeno global. Isso não vai ser bom para a sua carreira a longo prazo", disse ela.

Então é isso. Trabalhar após o expediente equivale a comprometimento, que por sua vez se traduz em uma carreira de sucesso.

Problemas com o Sr. Corujão

Uma advertência do RH não foi o único problema. Na verdade, nem sequer foi considerado grave. Outros colegas também foram advertidos.

Escutei um dos meus amigos extrovertidos falar com alguém sobre isso e a outra pessoa respondeu que se trata de um procedimento padrão do RH. Nada sério.

Então, me senti aliviado porque não era o único.

O Sr. Corujão parecia ser um problema maior, não apenas para mim, mas também para outras pessoas.

Forçava seus subordinados a ficar até mais tarde, mesmo quando as coisas estavam calmas (normalmente entre o Natal e a véspera de Ano Novo).

Ele era o centro da fofoca do escritório e estava ciente disso, mas não parecia se importar. Ouvi uma das minhas colegas reclamando como ele a fez reformatar uma apresentação em PowerPoint 20 vezes, até que ela desistiu e fingiu estar ocupada com um outro contrato importante.

Isso soa como uma piada, mas realmente aconteceu. Coitada!

Muitos dos meus outros colegas também se queixaram ao Diretor Executivo sobre o Sr. Corujão.

Meus colegas eram bastante extrovertidos e abriam a boca para defender seus direitos. Argumentavam com veemência que o Sr. Corujão os fazia ficar até tarde da noite sem qualquer trabalho. Não havia produtividade. Nada a ser feito. Além disso, essa situação estava afetando suas vidas sociais.

Isto sim era um argumento muito poderoso. Felizmente, o diretor ficou do lado de meus amigos.

Havia um outro problema com o Sr. Corujão. Mesmo ficando até mais tarde, ele pisou na bola várias vezes.

Perdia prazos deixando os clientes furiosos. Enviava os documentos errados aos clientes, o que causava grande constrangimento.

Portanto, o Sr. Corujão não tinha uma boa reputação entre os Sócios.

Outro argumento para provar que trabalhar após o expediente não significa necessariamente uma maior produtividade!

Voltando ao meu problema com o Sr. Corujão: ele cismava em não deixar ninguém ir para casa logo após o expediente.

Felizmente, tive que trabalhar com ele em poucas ocasiões. Mas a minha experiência era sempre bastante desagradável. Na maioria das vezes ele estipulava prazos falsos. Fingia se alarmar e fazia algo parecer absolutamente urgente, enquanto o assunto poderia muito bem já estar resolvido ou não ser mais importante.

A FÊNIX QUIETA

Já narrei toda a história e como ela foi solucionada de uma maneira peculiar. É possível aprender alguma lição com esta experiência?

Lições a serem aprendidas

Escrever um e-mail para um superior de hierarquia mais elevada reclamando sobre seu superior imediato não é a melhor opção. De fato, não é recomendado na maioria das vezes. Eu considero isso muito claro.

Conflitos no local de trabalho acontecem. Mas você não deve inesperadamente disparar um e-mail a seus superiores em uma explosão de fúria. Isso pode lhe fazer mais mal do que bem e prejudicar bastante a sua reputação.

Conheço uma pessoa que se desentendeu com o chefe e, em seguida, disparou um e-mail ameaçando-o, e envio cópia aos colegas de seu escritório e dos escritórios localizados em outras cidades.

O resultado: ela não só perdeu o emprego, mas seu ex-chefe garantiu que ela nunca mais trabalhasse na área.

Portanto, a primeira lição é que, se você precisa enviar um e-mail, faça-o com muito cuidado e de maneira fria e calculada.

Mesmo no meu caso, um e-mail não era a minha primeira opção. Enviei como último recurso.

Tentei falar sobre meus problemas com o diretor inicialmente, mas não funcionou porque ele sempre estava muito ocupado.

Além disso, não enviei o diário dos eventos que eu vinha mantendo com qualquer provocação. Isso certamente teria piorado a situação.

Acho que a escolha do momento mais adequado funcionou a meu favor. Poderia ter perdido meu trabalho, mas, pelo menos, nestas circunstâncias, o e-mail funcionou bem.

O surpreendente foi que o e-mail foi um golpe e tanto na reputação do Sr. Corujão. Um golpe mais forte do que o que meus amigos extrovertidos tinham dado antes de mim. Mas como eles já haviam reclamado do Sr. Corujão anteriormente, o diretor estava ciente da sua atitude intimidadora. Então, isso ajudou no meu caso.

Meu conselho: use o e-mail com cautela. Se utilizado corretamente, o e-mail pode ser a melhor ferramenta que nós, introvertidos, temos.

Use-o de forma errada e ele pode se tornar o seu maior inimigo.

Moral da história

Você odeia seu trabalho porque precisa fazer muita hora-extra?

Se a resposta for sim, então talvez seja necessário se perguntar algumas coisas.

O que você realmente odeia nele?

É o próprio trabalho ou o fato de ter que ficar após o expediente?

A FÊNIX QUIETA

Talvez seja preciso pensar mais sobre isso, porque a resposta não vai ser simples.

Em um primeiro momento, pensava que adorava meu trabalho, mas não gostava de ficar até mais tarde. Mais tarde, quando ambas questões entraram em cena, percebi que não gostava do meu trabalho tanto quanto pensava.

O Direito Empresarial se trata de ajudar as empresas a crescerem, seja através da aquisição de outra empresa, da negociação de suas ações na bolsa de valores ou da celebração de contratos com outras empresas. Não há nada realmente nobre ou altruísta nisso, mas esse trabalho precisa ser feito por alguém. Eu não me importava de trabalhar com isso, mas não achava que valia a pena arriscar minha saúde mental no processo.

Então, se você ama seu trabalho, mas odeia trabalhar até mais tarde, precisa considerar algumas coisas, com seus respectivos prós e contras:

Chegue a um acordo com seus superiores

Chegue a um acordo com seus superiores para estender seus prazos ou trabalhar de casa, o que pode ser muito eficaz e é, na maioria das vezes, a melhor solução. O lado negativo dessa opção é que tudo depende da cultura do seu local de trabalho. Muitos escritórios já introduziram oficialmente horários de trabalho flexíveis, mas com algumas ressalvas sobre essa prática.

Pode ser difícil chegar a um acordo com alguns superiores. Se este for o caso, tente mudar de equipe ou, se possível, trabalhar com alguém com quem seu trabalho seja produtivo.

Jogue conforme as regras de seu escritório.

Como você poderia mudar de equipe?

Qual argumento você poderia apresentar para mudar de equipe?

Recorra a um superior hierárquico apenas quando realmente necessário.

Adapte-se à cultura do escritório

Muitos dos meus colegas odiavam trabalhar após o expediente, mas se adaptaram à situação com facilidade. A maioria permanecia até era tarde, porque essa era a norma oficial.

Eu também fui aconselhado pelo RH a me conformar. Tentei me adaptar a esta cultura de trabalho, mas não consegui suportá-la por muito tempo.

Suponho que é possível fingir ser alguém que não se é apenas por um curto período. A longo prazo, é preciso pensar em outra solução.

Considere mudar de emprego

Se trabalhar até mais tarde é a cultura de seu local de trabalho e você não suporta isso, talvez seja a hora de pensar em mudar de emprego. Encontre um emprego com flexibilidade de horário ou com um horário fixo das 8 às 18, por exemplo.

O problema é que você pode acabar em um local de trabalho que, à primeira vista oferece flexibilidade de horários, mas faz exatamente o contrário na prática.

Ou você pode acabar em um trabalho das 8 às 18, onde sente que não está crescendo.

Se você perceber que não gosta de seu trabalho, considere o seguinte:

O que você realmente quer fazer da vida?

Quais são seus hobbies?

Quais são suas paixões?

Percebi que trabalhar com direito corporativo estava me transformando em uma pessoa que eu não queria ser.

Gostar do lado intelectual do direito e trabalhar na área e representar grandes clientes são coisas bem diferentes.

A vida é muito curta.

Eu não gostava da natureza estressante do trabalho; de ter que lidar com chefes como o Sr. Corujão e a Rainha das Mancadas (que aparecerá nos próximos capítulos).

Eu me considero uma pessoa criativa, um artista.

A minha energia é melhor utilizada quando escrevo livros de que eu gosto e, com isso, toco a vida de outras pessoas através de palavras.

Sentia que estava desperdiçando minha energia mantendo um registro diário sobre meus chefes insensatos.

Agora sou oficialmente um escritor.

Escrevo livros e nem sequer me importo de escrever aos sábados e domingos.

Lembro que me ressentia quando o Sr. Corujão me obrigava a ficar no escritório durante os finais de semana, mas isso é algo que já não me incomoda mais.

Não me preciso me preocupar em ficar até mais tarde no escritório.

Escrevo sempre que tenho vontade.

Mantenho a disciplina sem nenhum Sr. Corujão atrás regulando o meu tempo.

Estou fazendo o que realmente gosto.

Quem sabe você não possa pensar da mesma forma?

Seja o mais fiel possível a você mesmo.

Capítulo 4: Relacionar-se e socializar com os colegas

―――

Meu primeiro dia de trabalho

Comecei a trabalhar no escritório de advocacia em novembro de 2009. O RH fez um tour pelo escritório comigo. Mostraram-me vários departamentos. Conheci todos os sócios da empresa, exceto o diretor que já tinha me entrevistado). Mostraram-me o meu posto de trabalho e me apresentaram para os meus colegas da equipe empresarial.

Tudo parecia estranho, desde a minha mesa até as pessoas ao meu redor. Antes de começar a trabalhar lá, tinha morado quatro anos em Londres. Tinha feito alguns bons amigos por lá. Estava acostumado a ver os rostos de meus amigos londrinos.

Havia apenas cinco analistas, contando comigo, no nível A-1. Estava dividindo um cubículo com três deles, dois caras e uma garota.

O interessante foi que todos os três eram da mesma cidade e tinham estudado juntos na mesma Universidade em Pune.

A garota era a autêntica rainha das fofocas. Era alegre e falava pelos cotovelos. No entanto, havia algo a mais nela.

Era tão astuta quanto uma raposa. Conhecia muito bem como o escritório funcionava e, de fato, era bem manipuladora. Sabia como se safar de situações difíceis e desaparecer sem deixar vestígios. Sabia quais desculpas dar, em que momento e para quem, para conseguir tirar o máximo proveito de cada situação.

Ela me lembrava a personagem Susanna do livro Seven Husbands, de Ruskin Bond. Talvez você não conheça este livro. Então, irei resumir a história.

A história é sobre uma mulher rica que se casou seis vezes e matou todos os seus maridos em circunstâncias cômicas e sem deixar vestígios.

O livro trata de uma comédia de humor negro. A mulher fazia parecer que os maridos tinham se matado ou que eles tinham morrido de forma acidental. Apenas é possível suspeitar que Susanna estava por trás de tudo por causa das circunstâncias que levaram à morte de seus maridos.

A versão cinematográfica do livro foi lançada em 2011, e pasmem, nossa rainha das fofocas adorou. Então, um dia, brinquei com ela chamando-a de Srta. Susanna. A piada foi bem aceita e todos caíram na gargalhada.

"Tudo bem, mas você não vai ser um dos sete maridos, eu prometo", ela respondeu brincando.

No entanto, vou chamá-la neste livro de Susanna.

Na minha condição de introvertido levei algum tempo para me enturmar com meus novos colegas. Mas a nossa Susanna não era dada a sofrer com qualquer sentimento de culpa. Ela fazia o impossível para me excluir deliberadamente de todas as suas conversas. Sentávamos no mesmo espaço de escritório. Sempre que ela fazia alguma fofoca, se referia constantemente a seus amigos da universidade como "nós três".

"Nós três somos tão bons amigos".

"Nós três deveríamos passar mais tempo juntos".

"Nós três deveríamos almoçar juntos".

"Nós três deveríamos ir a festas de aniversário juntos".

"Nós três deveríamos fazer isso".

"Nós três deveríamos fazer aquilo".

Suas frases "nós três" começaram a me deixar de fora.

Sempre que eu tentava participar de uma conversa, ela intencionalmente me ignorava.

Nas sextas-feiras, quando ia sair com seus amigos, nem sequer perguntava se eu queria ir junto.

Estava cansado nas sextas-feiras e não tinha energia para socializar depois do expediente, então eu ficava quieto e não protestava a respeito do motivo de não ser convidado.

Outra característica do introvertido. Me sentia um peixe fora d'água por perder energia após socializar, enquanto meus outros colegas se recarregavam.

Mais tarde, quando li o livro de Susan Cain percebi que os introvertidos perdem energia ao socializar, especialmente em grandes festas, e se recarregam ficando sozinhos. Só agora é que o tempo que passei no escritório de advocacia começou a fazer tanto sentido para mim.

Trabalhar depois do expediente era outra coisa que costumava drenar minha energia.

Então, para compensar, comecei a chegar às 9:15 da manhã em ponto, fazer tudo o que tinha que fazer até às 18h30, e ir embora.

O que significava não fazer pausas para socializar ou fofocar com os meus colegas.

Só queria terminar meu trabalho.

Acredito que era porque não me sentia nada confortável em fofocar, sabendo que minhas palavras poderiam facilmente se espalhar pelo escritório e chegar aos ouvidos dos meus chefes, uma situação que queria evitar a todo custo. Em todo o caso, não sou o tipo de pessoa que acha fácil compartilhar sentimentos pessoais com estranhos.

Durante alguns meses, sentia que não tinha amigos. Talvez meus colegas me achassem reservado ou esnobe, um fato que não posso afirmar com certeza.

Queria ser amigo de todos e estava aberto a novos relacionamentos. Mas acho que não demonstrava isso muito bem. Um problema comum nos introvertidos.

Mal sabia eu que tudo mudaria em breve. As circunstâncias simplesmente fizeram com que isso se tornasse realidade.

A vinda de Mel-B

Alguns meses depois, um dos rapazes que estava trabalhando conosco foi para outra empresa.

Em seu lugar veio uma garota de outro escritório de advocacia indiano de prestígio.

O primeiro dia em que a vi, ela me lembrou Melanie Brown, a famosa celebridade também conhecida popularmente como Mel-B. Com cabelos longos, pele mais clara, magra, salto alto; se vestia como se fosse uma modelo famosa.

Ela costumava entrar no escritório como uma modelo entrando numa passarela.

Usava uma blusa que expunha suas costas e barriga. Alguns dias vestia um sári e em outros, roupas ocidentais. Tinha a reputação de mostrar o corpo.

Não sei se o RH já a tinha notificado sobre sua maneira de vestir, mas ela tinha uma atitude de "não estou nem aí". Neste livro, irei me referir a ela como Mel-B.

Ela costumava se sentar ao meu lado. Percebi desde o início que ela teve dificuldades em se adaptar ao seu escritório de advocacia anterior, conhecido por fazer muitas horas-extras.

Foi o meu poder de observação ou a sua linguagem corporal? Embora muito ligada à moda, ainda não a tinha visto sorrir. Parecia muito frustrada, acabada e cheia de raiva reprimida.

Tentei iniciar uma conversa com ela para que sentisse mais confortável em um novo local de trabalho (bem diferente da forma como os meus colegas fizeram comigo), mas ela não falava muito, exceto respostas do tipo "Aham", "Sim", "Não, obrigada".

Em muitas ocasiões, ela parecia bastante grossa.

"COM LICENÇA, A IMPRESSORA QUEBROU E NÃO ESTOU CONSEGUINDO IMPRIMIR UM DOCUMENTO, SE IMPORTA]DE LIGAR PARA O CARA DE TI", me perguntou quase gritando.

"Por que você mesma não liga para ele?", retruquei.

"SOU NOVA AQUI E NÃO SEI QUAL É O RAMAL", disse ela novamente de uma forma bastante rude.

Então, liguei para TI e pedi que viessem consertar a impressora quebrada.

Ela parecia ser a última pessoa com a qual pudesse ter uma amizade. Alguns meses mais tarde vi um outro lado dela.

Mel-B estava trabalhando muito com o Sr. Corujão. Ficar muito tempo no escritório também não fazia bem para ela, mas por uma razão muito diferente.

Ela era uma pessoa muito extrovertida. Mas até mesmo os extrovertidos precisam do seu "intervalo restaurador".

Ela também queria sair do escritório às 18h30 para que pudesse jantar fora e socializar com seu namorado e amigos. Mas como de costume, o Sr. Corujão a mantinha no escritório até mais tarde. Reuniões entre duas pessoas podiam ser agendadas no período da tarde, mas o Sr. Corujão deliberadamente as agendava para depois das 19h30 para que Mel-B tivesse que ficar até mais tarde.

O Sr. Corujão também estava me incomodando muito, de forma que esse problema contribuiu para nos aproximar.

Mel-B era uma das vítimas, então não hesitei em compartilhar com ela como estava me sentindo. Ela se solidarizou comigo.

Aos poucos, comecei a gostar das fofocas de escritório, especialmente quando eram sobre o Sr. Corujão.

Bom, na maioria das vezes eram sobre ele. Fazíamos piadas bastante grosseiras sobre ele, mas elas ainda eram muito engraçadas.

Até mesmo compartilhávamos e-mails escritos ao diretor sobre o Sr. Corujão. Mostrei a ela o diário que mantinha sobre ele e ela se divertia e se surpreendia muito com o que eu escrevia.

Minha amizade com Mel-B foi florescendo aos poucos.

A propósito, Mel-B era muito amiga de Susanna e a conhecia de antes. Ambas estudaram na mesma cidade, Pune, em universidades diferentes, mas compartilharam o mesmo apartamento.

Mel-B se preocupava muito em não engordar. Todos os dias trazia iogurte e mamão picado para comer no almoço. Pulava o café da manhã e tentava viver com uma dieta de 700 calorias, como ela mesma afirmou. Bom, logo você vai descobrir que isso não era verdade!

Na maioria das vezes, Mel-B estava morrendo de fome. Ela e Susanna falavam com frequência sobre conhecer novos restaurantes.

"Há um novo restaurante mexicano perto de onde moro. Vamos lá hoje à noite", sugeria Mel-B.

"Há um novo restaurante de Kebab perto do escritório. Vamos colocar a conversa em dia lá", respondia Susanna.

"Estou salivando", confessava Mel-B.

Conversavam sobre restaurantes e comida o tempo todo. Vamos pedir uma pizza, pegar um hambúrguer do Mc Donald's, não, o hambúrguer do Hard Rock Café é muito melhor, vamos comer comida chinesa, vamos comer um prato indiano, comer isso, comer aquilo....

Suas conversas costumavam me divertir. Para uma dieta de 700 calorias, era muito papo sobre comida.

As conversas do escritório, em geral, eram bastante engraçadas. Parecia que comer fora era o principal assunto das mulheres. Homens falavam sobre investimentos e comprar carros chamativos.

"Onde deveria investir meu dinheiro?

Em depósitos a prazo ou em ações?".

"E o Fundo de Previdência Pública?"

"Bom, acho que você não deveria colocar tudo em um único investimento. É melhor investir um pouco de dinheiro em depósitos a prazo, um pouco em ações e um pouco na previdência. Desta forma, você colhe os benefícios dos três." Eu dava meus palpites.

"Nunca invista dinheiro em ações, porque você não é um especialista no assunto", outro aconselhava.

Comecei a participar dessas pequenas discussões.

As garotas escutavam com atenção.

Afinal, elas também estavam atentas para saber quais homens tomavam decisões sensatas com relação ao seu patrimônio.

Mel-B não era a única que se preocupava com sua saúde. Eu também. Mas ao contrário de Mel-B que pulava o café da manhã e sobrevivia com mamão picado e iogurte no almoço, eu costumava tomar um café da manhã decente e, mais tarde, comer um almoço completo no escritório. (Esta história compartilhei em detalhes no meu livro *Home Style Indian Cooking In A Jiffy*, Culinária caseira indiana em um instante, em tradução livre).

Outra coisa engraçada sobre os espaços de escritório abertos

A maioria de nós considera os espaços de escritório abertos uma invasão de privacidade. E sem dúvida, esse tipo de espaço realmente pode causar muito incômodo.

Mas, ele também pode mostrar aos seus colegas um lado seu muito mais humano, o que pode abrir portas para novos relacionamentos.

Costumava levar uma fruta para escritório para comer no meio da manhã.

Os meus colegas notaram isso, graças à maneira que o escritório estava organizado.

Se Mel-B abrisse um pacote de batatas fritas ao meu lado, não tinha como não escutar ela rasgando a embalagem, sentir o cheiro, por vezes desagradável, das batatas, e ouvir ela mastigando.

Ela, ocasionalmente, me oferecia algumas, mas eu recusava de forma educada. Até mesmo isso não passou despercebido.

Mel-B e suas amigas chegaram à conclusão de que eu comia mamão picado e romã no meio da manhã, mas evitava comer salgadinho. Isso as deixava curiosas e abria espaço para brincadeiras amigáveis entre nós.

"Vi que você não come salgadinho", disse Mel-B.

"Sim", respondi.

"Vi que você lancha frutas todos os dias", complementou ela.

"Sim, adoro frutas. Elas me dão energia, especialmente no meio do dia", disse.

"Por que você não come salgadinho?", insistiu Mel-B.

"Porque não gosto, simples assim", respondi.

"Você se preocupa com sua saúde?", perguntou Susanna.

"Sim, me preocupo. Faz com que eu me sinta muito bem", disse.

"Mas por que?", perguntou Mel-B.

"Olha só quem está falando. Você faz uma dieta de 700 calorias e me pergunta por que", brinquei.

"Mas nós não nos preocupamos com nossa saúde", contrapôs Mel-B brincando.

"Então é por isso que você traz mamão e iogurte para o almoço e depois se acaba com hambúrgueres com queijo e um pacote de batatas fritas", disse brincando.

Todo mundo caiu na gargalhada. Mel-B ficou vermelha. Susanna também começou a tirar sarro dela.

Talvez você ache esse tipo de conversa chata, mas para mim estes eram momentos de quebrar o gelo. Depois disso, começamos a almoçar na mesma mesa. Na maioria das vezes fofocávamos ou caçoávamos uns dos outros. Os tempos de universidade estavam de volta de alguma forma. Os intervalos de almoço me relaxavam bastante, mesmo quando eu não falava muito e apenas ouvia meus colegas se provocarem.

Happy hours após o expediente

Logo Susanna e Mel-B, que haviam me ignorado anteriormente, começaram a me convidar para os happy hours depois do expediente. Por alguma razão estranha, mesmo assim eu recusava os convites.

Me sentia estranho. Não eram esses tipos de convites que eu tanto queria receber? E agora, os recusava. "Por que alguém iria querer sair após um dia de muito trabalho", pensava comigo mesmo.

"Por que não agendam estes encontros para o final de semana agradável, e eu, certamente, aceitaria".

Nos dias de semana, prefiro ir para casa e passar a noite com a minha família. Mas eu sempre me perguntava por que meus colegas não pareciam cansados. Não era porque eles tinham mais resistência física do que eu.

Na verdade, era completamente o oposto, considerando a velocidade com que subiam as escadas.

Mesmo assim, meus colegas pareciam muito entusiasmados e cheios de energia para sair até tarde da noite, mesmo durante a semana.

Certa vez, recusei um convite para participar da festa de aniversário de Susanna que aconteceria no meio da semana. Acho que ela ficou chateada. Me senti mal com a situação, mas simplesmente não conseguia ir a festas depois do expediente.

"Deveria ter simplesmente ignorado a minha necessidade de ir para casa e ir à festa para deixar meus colegas felizes?", sempre me perguntava isso.

Mas graças a Deus, não o fiz. Essas festas teriam me deixado extremamente cansado e sem energia.

Teria ficado triste, mal-humorado e carrancudo depois. Diferente de quem sou normalmente.

Além disso, achei que fazer a Susanna e a Mel-B felizes à custa da minha própria felicidade realmente não valeria a pena.

Elas nem eram minhas amigas, eram apenas conhecidas.

Alguns meses atrás elas nem sequer se importavam se tinham me magoado ou não, quando não me convidavam para sair.

Então, por que eu deveria me preocupar com o que elas sentiam agora?

A escritora Sophia Dembling escreveu um capítulo inteiro sobre "Palavras mágicas para tampar os drenos de energia" em seu livro. Ela aconselha os introvertidos a pensarem primeiro em seus níveis de energia e não se sentirem pressionados a aceitar todos os convites para festas. Ela explica, muito acertadamente, que os introvertidos são sensíveis, até mesmo muito sensíveis às mensagens sociais e que se sentem na obrigação de aceitar todas. Suas palavras mágicas:

"Não é problema meu."

"Não é responsabilidade minha."

Não hesite em recusar convites. Se alguém ficar magoado, não é problema seu. Sua única responsabilidade em uma situação social é dar o melhor de si, "educado, simpático e agradável", como ela diz.

Aconselho o mesmo: cuide de suas necessidades em primeiro lugar.

Costumava recusar convites para eventos sociais de imediato, mas alguns dos meus superiores (que talvez também fossem introvertidos) iam a essas reuniões de vez em quando, e iam embora em uma hora. Você também pode fazer isso, se se sentir na obrigação de ir à festa do seu melhor amigo. Em seu livro, a escritora Sophia Dembling ainda aborda as desculpas que você pode dar para ir embora mais cedo.

Então, como você pode ver, eu mal socializava fora do horário comercial.

Como eu compensava isso?

Aos sábados (sim, este escritório costumava trabalhar no primeiro e no terceiro sábado de cada mês!), costumávamos a nos vestir de forma mais descontraída. Trabalhávamos aos sábados, mesmo quando não tínhamos muito trabalho.

Na verdade, quase nunca tínhamos! Então, ficávamos conversando no escritório e, geralmente, íamos comer em algum restaurante chique na hora do almoço e tirávamos a tarde de folga.

Comecei a participar desses almoços de sábado. Tinha que ir ao escritório e almoçar com meus colegas de qualquer forma. Essas reuniões, ao contrário das reuniões após o expediente, não duravam muito tempo. Duas horas no máximo.

Era uma excelente oportunidade para compensar pela minha ausência nas reuniões após o expediente. Você interage com seus colegas durante o almoço, experimenta bons pratos e depois vai para casa. Tudo em um dia de trabalho, isso sim era vida!

Viagens de empresa - o melhor momento para interagir

Cada escritório ou empresa, até onde eu sei, organiza uma viagem anual, geralmente para o exterior ou para outra cidade dentro do país.

Use esta oportunidade. Nunca diga não a uma viagem de empresa.

Você não só vai conhecer um novo lugar, mas também estreitar laços com seus colegas.

Você deve ver isso como uma oportunidade de viajar por conta da empresa sem tirar férias.

O Sr. Corujão não costumava participar das viagens e, como de costume, usava a desculpa de que estava sobrecarregado de trabalho. Que babaca!

Meu escritório tinha quatro escritórios localizados em várias partes da Índia, e fomos até Goa para um evento de três dias. A viagem teve seus altos e baixos.

A parte mais chata foram as sessões das quais tivemos de participar. Algumas sessões envolviam discursos motivacionais como "demonstre o mesmo entusiasmo ao sair do escritório na sexta em uma manhã de segunda-feira". Outras palestras falavam sobre estratégia de crescimento, expansão, melhoria da estrutura da organização, ou seja, coisas que dão sono.

Felizmente, não era obrigatório assistir a essas sessões e dava para se ausentar sem que ninguém percebesse. De vez em quando, ia até o meu quarto para ficar um pouco em silêncio.

Fomos divididos em equipes de oito clãs guerreiros da Índia medieval. Algumas atividades de grupo consistiam de brincadeiras do tipo "corre cotia". Era ridículo, mas divertido.

As noites eram melhores. Sair e dançar até as 3 da manhã era a norma. Estas foram as poucas festas nas quais me diverti.

Serviam bebidas alcoólicas durante o jantar. Experimentei algumas bebidas, mas não o suficiente para ficar bêbado.

Em todo o caso, não sou muito chegado em bebidas alcoólicas.

Mas foi divertido ver meus outros colegas ficarem bêbados. Nosso diretor sempre era muito agitado e tenso o tempo todo, parecia até que ia ter um ataque cardíaco. No entanto, depois de alguns drinks, vi um lado completamente diferente de sua personalidade. Ele se tornou um bom companheiro. Um cara legal e alegre, que se achava bonitão.

Também havia uma mulher que trabalhava no departamento de marketing. Ela esqueceu o número do quarto e ficava repetindo que seu quarto era o de número 319 e a Susanna tentava convencê-la que 319 era o seu quarto e não o dela.

Depois do jantar, começava a balada. Ligavam a música e todos tinham que cair na pista de dança. Devo admitir que sou bastante tímido para dançar em público. Mas ninguém dançava bem.

A FÊNIX QUIETA

As pessoas se balançavam de forma desajeitada e a única coisa boa era que ninguém ficava debochando.

Todos fingiam que ninguém estava olhando e não davam a mínima sobre o que os outros poderiam estar pensando.

Isso fez com que eu relaxasse.

Também recebi bastante incentivo dos meus amigos.

Um dos analistas sênior com quem trabalhei me disse para eu me jogar na pista de dança. Então, acabei me unindo a galera. Naquela noite, simplesmente deixei meu "lado extrovertido" assumir o controle, e como dizem alguns gurus de autoajuda, você deve se permitir isso de vez em quando.

Não havia coreografia, nem rima, e nem ritmo. Então, comecei a dançar e fazer qualquer passo que me vinha à cabeça. Me diverti dançando com Susanna e Mel-B. Como não gostar?

A festa terminou e depois fui direto para cama.

Meus colegas extrovertidos continuaram acordados e chegaram a até pedir hambúrgueres às 4 horas da manhã. Eu me perguntava como alguém pode sentir fome a altas horas da noite.

No dia seguinte, distribuíram prêmios para cada evento realizado durante a viagem e a dança foi um deles. E adivinha quem ganhou o prêmio de participante mais animado?

Fui eu. Fui pego totalmente de surpresa. "Duas pernas esquerdas" estava inscrito na premiação que recebi.

Aliás, fui o único do escritório de Nova Délhi a ganhar um prêmio.

Os outros foram dados para o escritório de Mumbai, nosso rival.

Isso fez os meus colegas vibrarem.

Me tornei um herói. O único salvador do escritório de Nova Delhi. Por mais bobo que parecesse, era bom demais para ser verdade.

No terceiro dia, nos levaram para fazer um tour pela cidade. A viagem de ônibus também foi um ótimo momento para bater papo. De repente, a impressão que Mel-B e Susanna tinham de mim, a de ser um cara reservado, mudou. Me disseram que estavam orgulhosas de mim.

"Você poderia se tornar um bom dançarino. Você deveria fazer algumas aulas de dança", recomendaram as duas.

"Obrigado pelos elogios", respondi.

O tour pela cidade foi realmente divertido. Passar um tempo na praia e visitar igrejas antigas construídas pelos portugueses em 1500 valeu cada centavo gasto na viagem.

No final, a viagem da empresa foi muito agradável. Não me considerava um cara popular de forma alguma. Mas acho que essa viagem ajudou a mudar um pouco a percepção que meus colegas tinham de mim. Acho que meus colegas também viram um lado diferente da minha personalidade, assim como eu pude ver o deles.

Moral da história

Seja fiel ao seu eu interior.

Haverá momentos que exigirão que você aja de forma mais extrovertida.

Também haverá momentos em que você vai se sentir como se não tivesse nenhum amigo. Talvez seus colegas não te ajudem a se sentir confortável em seu local de trabalho, ou pior, tentem de tudo para deixá-lo o mais desconfortável possível.

Você não precisa agradar a alguém ou provar que você é o mais popular da turma. Não há necessidade de sucumbir à pressão de se tornar mais "social".

Em vez disso, tente ser você mesmo. Muitas oportunidades de socializar chegarão até você, e você não precisa nem mesmo sair em busca dessas oportunidades.

Assuntos que naturalmente lhe interessam surgirão em conversas.

Participe das conversas que mais lhe interessam e você encontrará amigos com interesses semelhantes.

Tenha discernimento a hora de escolher a quais eventos ir à noite.

Qual é a importância deles para você?

É o casamento de seu melhor amigo?

Ou é apenas algum conhecido que te convidou para sair?

Não se sinta sob a pressão de dizer "sim" a todos os convites.

Da mesma forma, tampouco diga "não" a todos.

Encontre um equilíbrio. Você pode combinar consigo mesmo aceitar convites em uma determinada frequência dentro da semana, do mês ou do ano e, então, presentear-se com um tempo só para si.

Lembre-se sempre que se trata de qualidade e não quantidade. Como comentou Susan Cain em seu livro sobre eventos de networking: "um bom e sincero contato vale mais do que dezenas de cartões de visita".

Encontre outras oportunidades para interagir com pessoas. Vá almoçar com seus colegas de trabalho, se preferir, ou participe de um comitê de serviços pro-bono ou represente a sua empresa em algum esporte, o que você se sentir mais confortável.

Sempre diga "sim" para retiros e viagens de empresa. Você não só terá a oportunidade de conhecer um novo lugar por conta da empresa e sem tirar férias, mas também estreitar laços com seus colegas e amigos.

Capítulo 5: Escrever, falar, pesquisar e analisar. Atividades que funcionaram bem para mim e o que você pode aprender com isso

---

Eu não me encaixava no típico estereótipo de um advogado corporativo. Odiava trabalhar depois do expediente. Não era do tipo ousado, agressivo, que batia na mesa. Tampouco me vendia bem, embora geralmente me vestisse formalmente e de forma muito apropriada.

No entanto, possuía todas as principais competências para ser um advogado corporativo de sucesso. Sabia escrever e pesquisar bem, explicar o jargão jurídico complexo para clientes usando termos leigos, e tinha um olho clínico para detectar "questões" em potencial, o tipo de coisas que os introvertidos podem se destacar mais do que os seus homólogos extrovertidos.

Talvez você seja de uma área diferente. Mas não importa se você é um contador, banqueiro, consultor ou profissional de TI, criar relatórios, analisar fatos, desenvolver novos produtos ou projetar soluções vão ser parte de sua rotina. Tenha certeza de que este é o lugar e a oportunidade onde um introvertido como você pode brilhar.

Pude perceber, e me surpreendi, por que eu normalmente passava mais tempo me preparando do que os meus colegas extrovertidos. Mais tarde, aprendi que, como introvertido, você tem maior probabilidade de pensar em seus nos seus objetivos e de fazer análises por mais tempo do que meus amigos extrovertidos. Jennifer Kahnweiler reconhece isso como força nº 2 em seu livro, intitulado "**Preparação**".

Em vez de ficar na defensiva, você deve desenvolver esta competência ainda mais. Esta é a sua chance de deixar seus outros colegas para trás.

Ao fazer uma boa preparação, você consegue entender um problema ou situação mais a fundo, deixando a impressão de que você tem mais conhecimento do que seus colegas. Não deixe isso passar batido.

Então, aqui seguem algumas atitudes que funcionaram bem para mim.

Preparar apresentações em Power point

Como um analista júnior, precisava falar sobre um determinado tema utilizando apresentações em Power Point. Portanto, tínhamos que montar slides e enviá-los aos nossos superiores antes da reunião.

Em uma dessas ocasiões, cinco de nós tivemos que fazer uma apresentação sobre auditoria. Escolhi o aspecto financeiro da atividade, já que estava mais acostumado a revisar contratos de empréstimo.

Para economizar tempo e ser mais prático, um dos superiores distribuiu uma folha A-4 com uma lista de observações sobre o tema. Enquanto a maioria dos meus colegas parecia muito satisfeita com o material, essa lista sobre finanças me deixou bastante confuso.

Metade das observações não fez nenhum sentido para mim. O texto estava escrito em um complexo jargão jurídico.

As observações pareciam peças de quebra-cabeça do Código Da Vinci, onde eu precisava decifrar o código e adivinhar o que o meu supervisor tentava dizer.

Talvez o meu conhecimento jurídico fosse limitado.

O supervisor tinha escrito suas observações de acordo com a sua perspectiva, da forma que fizesse sentido para ele, enquanto eu tive que interpretar as informações de acordo com o meu entendimento, algo que não me deixava confortável. Sabia que não conseguiria falar de forma coerente sobre a questão se não entendesse o que eu realmente estava dizendo.

Os sócios também estariam presentes no evento e tinham nos alertado de antemão de que fariam perguntas se suspeitassem que as informações não estavam claras para nós.

Tínhamos apenas dois dias para preparar os slides. Susanna estava muito curiosa para ver a minha lista. Ela parecia completamente normal. Percebi que Susanna conseguia começar a falar sobre qualquer assunto, de forma bastante coerente, mesmo se ela não o compreendesse muito bem.

Neste ponto, sinto bastante inveja dos meus colegas extrovertidos que conseguem falar sobre qualquer assunto sem muita preparação ou sem a necessidade de organizar seus pensamentos antes de falar.

Basta pegar um assunto e pronto, falam sobre ele durante os próximos cinco minutos!

Esta sensação me deixava ainda mais desconfortável. E se eu não conseguisse pronunciar uma única frase sequer em público, pensava.

Então, eu precisava me preparar. Os meus colegas simplesmente copiaram as mesmas observações nos seus slides de Power Point e os entregaram ao supervisor.

Quanto a mim, algumas observações continuaram não fazendo sentido, mesmo depois de lê-las pela centésima vez.

De alguma forma, era muito tímido para perguntar ao meu superior o que ele realmente queria dizer.

Posso acabar provando que sou um burro, pensei comigo.

Em vez disso, me aproximei de superiores que julguei serem menos críticos.

Para minha surpresa, eles também estavam com dificuldades para interpretar as observações. Alguns ousaram tentar explicar, mas tudo continuou parecendo confuso para mim.

Eis que me veio a solução mágica: reescrever as mesmas observações com as minhas próprias palavras. Pensei em minha própria experiência com revisão de contratos de empréstimo.

Quais eram os problemas típicos que eu procurava ao revisar esses contratos? Quebrei a cabeça e fiz algumas observações sobre este assunto.

Em seguida, apaguei as observações que não faziam nenhum sentido para mim. Afinal de contas, como eu posso falar e responder a perguntas que eu mesmo não entendo.

No lugar, acrescentei algumas observações que achava importante o suficiente para serem destacadas, mas que por algum motivo foram ignoradas pelo meu supervisor.

O terceiro tipo de observações eram fora do foco principal. Eram observações que mencionavam diretrizes importantes que governam as finanças, mas não explicavam o que eram e por que elas eram tão importantes a ponto de serem citadas.

Não queria excluir essas observações, porque se essas diretrizes eram realmente importantes, não queria correr o risco de me perguntarem por que deixei essas questões de lado.

Então, resolvi pesquisar um pouco sobre elas.

Busquei na biblioteca livros sobre leis e comentários sobre o tema.

Havia uns 10 volumes de comentários sobre o assunto! Ler e compreender 10 volumes de uma só vez não é para qualquer um. Peguei o primeiro volume e tentei descobrir no primeiro capítulo do que as diretrizes tratavam, o que foi bastante útil.

Então, fiz algumas observações básicas sobre esta parte. Também fiz algumas pesquisas na internet e anotei mais alguns dados. Meus slides estavam prontos.

Não tinha certeza se os tinha feito corretamente. Seria melhor pedir o feedback de alguém antes de passar vergonha na frente de todos, pensei.

Então, enviei um e-mail para o meu supervisor (aquele que tinha escrito as observações iniciais) pedindo feedback sobre os meus slides da apresentação. Ele respondeu dizendo que minhas observações eram boas, o que me aliviou e me assegurou de que nada estava errado.

O evento começaria no dia seguinte às 10h. Corri para o escritório às 9h30 para ter tempo de estudar os slides novamente e refrescar minha memória.

E então, fomos todos para uma sala de conferências onde um notebook estava ligado a um projetor. Supervisores, subordinados e sócios foram chegando lentamente e ocupando seus assentos.

A reunião, afinal, tinha começado.

Felizmente, eu não era o primeiro orador do evento. Susanna foi a primeira a falar.

A ouvi com atenção e observei seus slides na tela grande. Seus slides eram muito gerais e não faziam nenhuma análise mais profunda.

Em seguida, foi a vez de Mel-B, cuja apresentação foi igual à da Susanna.

Eu fui o seguinte. Me sentei no banco dos réus, respirei fundo e comecei a falar.

Primeiro, falei um pouco sobre o que um analista júnior realmente deveria buscar ao revisar contratos de financiamento, as armadilhas comuns e a melhor forma de evitá-las.

Podia ver meus superiores balançando a cabeça enquanto eu falava.

Finalmente, abordei as normas que regulam a área.

Tentei explicar essas normas de forma leiga, como elas afetam contratos de financiamento e como um analista júnior pode mantê-las em mente ao analisar esses contratos.

E pronto. Quando terminei de falar, o supervisor que tinha escrito as observações iniciais disse que a minha apresentação tinha sido a melhor até o momento.

Em seguida, foi a vez de meus outros colegas falarem.

Alguns até usaram as minhas observações para ilustrar as suas ou se referiram à minha apresentação dizendo coisas como "Acho que Prasenjeet já abordou este tema de forma detalhada, então vou tocar em outros assuntos".

Quando a reunião finalizou, muitos supervisores vieram me felicitar dizendo que a minha apresentação tinha sido a melhor: clara, bem organizada e ao ponto.

O supervisor que tinha me enviado uma lista de observações confusas me perguntou onde eu tinha encontrado as minhas. Disse-lhe que como tinha achado as observações dele um pouco difíceis de entender, simplesmente as reescrevi com minhas próprias palavras.

"Muito bem, meu camarada! Mas isso deve ter dado bastante trabalho", ele me elogiou.

Com isso ganhei o meu dia.

O que quer dizer que, apesar que Susanna e Mel-B serem muito mais articuladas do que eu e conseguirem falar sobre qualquer assunto com pouca preparação, foi este que vos fala que ficou com todos os elogios. Isso foi possível simplesmente porque pensei na estrutura da minha apresentação com muito cuidado.

Obviamente, isto aconteceu porque me esforcei muito mais do que meus colegas.

Envolvimento com a auditoria

Na equipe de mercado de capitais, tivemos que executar uma auditoria em uma empresa de energia que logo começaria a vender suas ações na Bolsa de Valores. A tarefa consistia em revisar a documentação de oferta da empresa, um documento que explica por que a empresa precisa arrecadar dinheiro, analisar se a empresa estava tendo lucros ou prejuízos e assim por diante.

Normalmente, a auditoria financeira é conduzida pelos bancos da empresa, mas nós, advogados, também conduzíamos algumas auditorias financeiras que envolviam, no mínimo, em verificar os números mencionados no documento de oferta com o balanço da empresa.

Curiosamente, os bancos contavam com os advogados para realizar estava verificação na maioria das vezes e, raramente, faziam isso por conta própria.

A FÊNIX QUIETA

No final, nós, advogados, tínhamos que confirmar aos bancos que estava tudo bem e que eles podiam confiar nesta confirmação. Qualquer mancada e os bancos poderiam nos processar pela "confirmação" errada.

Era o último dia para revisar o documento de oferta. Tínhamos que enviar o nosso parecer à empresa e aos seus bancos.

O documento de oferta deveria ser apresentado à Agência Reguladora de Finanças no dia seguinte.

A empresa até então não tinha enviado seus balanços anuais, que nós já havíamos solicitado reiteradamente. A empresa não se pronunciou durante meses apesar das diversas solicitações.

Finalmente, um dia antes da apresentação do documento, por volta das 18h30, a empresa nos passou seus Balanços.

Achei isso um pouco suspeito. Estava na cara que a empresa não queria que revisássemos os seus balanços. Por isso, não havia se pronunciado durante meses. Agora, de repente, no último momento, nos enviam as informações, colocando a responsabilidade sobre nós e nos deixando muito pouco tempo para rever esses documentos de forma eficiente.

Meus outros colegas não queriam revisá-los. Foi quando o meu supervisor me perguntou se eu queria revisá-los à noite.

Aceitei o pedido sem protestar, mas perguntei se poderia revisá-los em casa. Ele concordou.

Então voltei para casa, descansei um pouco e comecei a analisar os documentos quando me senti um pouco melhor. Para meu espanto, os números não batiam. A empresa havia relatado perdas em seu balanço patrimonial, enquanto seus documentos de oferta informavam lucros.

Ficou evidente que a empresa queria enganar a nós e aos investidores. Então, essa foi a razão pela qual a empresa não queria que revisássemos seus balanços, pensei.

A pior parte foi que mentindo e ocultando fatos, a empresa estava agindo de forma absolutamente estúpida e NÃO de forma inteligente. A Agência Reguladora de Finanças também conduz a sua própria auditoria. Se ela tivesse descoberto que a empresa estava mentindo, poderia ter determinado que fosse banida. Não só a empresa, mas seus bancos também poderiam ter problemas.

A empresa, evidentemente, tinha agido na ignorância. Era o nosso dever para com a empresa, os bancos e os investidores em geral advertir-lhes sobre a situação.

Liguei imediatamente para o meu supervisor informando-lhe que a empresa tinha mascarado os números no documento de oferta.

Meu supervisor imediatamente me conectou a uma teleconferência com um dos diretores da empresa e questionou de forma severa o diretor sobre o assunto. O diretor primeiro fingiu que tudo estava bem.

Então, disse a ele que os valores apresentados no documento de oferta estavam todos errados.

A FÊNIX QUIETA

O diretor gaguejou um pouco. Por fim, ele aceitou alterar os números do documento de oferta.

Naquela noite, a empresa alterou os seus números, e enviou o documento novamente para revisão.

Tive que, obviamente, verificar tudo de novo para ver se os números estavam todos corretos.

Assim que aprovei o documento, o meu supervisor tranquilizou os bancos e o documento foi enviado à Agência Reguladora de Finanças para revisão.

O meu supervisor me elogiou por ter um olho clínico e por ter salvo todo o escritório de um constrangimento muito pior.

Este foi certamente um dos meus melhores momentos no escritório.

Escrever e pesquisar

Eu costumava receber muitos elogios pelas minhas habilidades de redação e pesquisa. Os sócios elogiavam abertamente a minha capacidade de ler uma nova lei e fazer observações simples e concisas sobre as alterações introduzidas por ela e outras informações importantes.

Uma vez fui convidado a fazer uma pesquisa desafiadora sobre uma obra de Direito bastante ambígua, em que não havia casos claros e definitivos e as autoridades indianas tinham muito pouco domínio sobre o assunto. Alguns dos meus outros colegas já tinham trabalhado anteriormente com esse assunto, mas eles só tinham chegado a conclusões muito vagas a respeito.

Como ex-aluno de Oxford, o diretor que trabalhava comigo estava familiarizado com a lei inglesa referente ao tema em questão, que era muito bem elaborada. Como ele sabia que eu também tinha estudado Direito na Inglaterra, me pediu para preparar um relatório de uma página sobre a posição assumida pela lei inglesa. O diretor, no entanto, parecia não estar seguro do que ele realmente queria.

Foi então que preparei algumas observações claras sobre o assunto e mostrei a ele no final do dia.

Ele parecia ainda mais confuso.

"Só isso?", perguntou ele.

Olhei para ele um pouco perplexo.

"Mas você me pediu para preparar apenas um resumo de uma página", disse.

"Sim, mas você não respondeu minha pergunta. O que você fez foi apenas um resumo da lei inglesa. Qual é a posição da lei indiana? É a mesma da lei inglesa ou é diferente?", ele perguntou.

Suas perguntas não cessavam.

Finalmente, ele disse "isso não me serve para nada" e jogou o papel no lixo.

"Este papel não passa de lixo", falou de forma sarcástica.

Engoli em seco e não soube o que dizer.

"Escreva um relatório de 20 páginas para mim comparando as posições da legislação britânica e indiana", disse ele.

"Quando você consegue me enviar o relatório?", me perguntou.

Era quinta-feira à noite. Considerando o estado de espírito do diretor, disse que faria até a noite.

Parecia loucura. Preparar um relatório de 20 páginas com pesquisa da noite para o dia?

O diretor se acalmou um pouco.

"Não se apresse. Você já me enviou muita m****. Não quero que você me envie mais m****. Aproveite o final de semana e me envie um novo relatório na segunda-feira de manhã", disse ele.

Ótimo, meu final de semana estava oficialmente arruinado. Já estava trabalhando em outra operação de mercado de capitais e agora tinha que fazer uma pesquisa adicional durante o final de semana.

Não tinha escolha a não ser concordar com a cabeça e aceitar o novo prazo.

Na sexta-feira à noite, após ter terminado o trabalho de mercado de capitais, tentei ler o máximo possível sobre o assunto.

Peguei emprestado alguns livros da biblioteca e prometi à bibliotecária retornar os livros até segunda-feira de manhã.

A bibliotecária teve a gentileza de me conceder a permissão.

Também peguei umas cópias de decisões judiciais baixadas por meus colegas para descobrir o nível de investigação que já tinham conduzido sobre o tema.

Depois de me familiarizar com o assunto, comecei a preparar o relatório na manhã de sábado.

Com os livros de comentários, descobri a sutil diferença entre a lei britânica e a indiana.

Primeiro fiz um resumo sobre a diferença no parágrafo de abertura.

Em seguida, fiz um pequeno resumo de todos os casos principais dentro da lei indiana que foram baixados pelos meus colegas.

Depois, pesquisei na Westlaw UK, um banco de dados online, com o qual todo estudante de direito britânico está familiarizado. O meu escritório de advocacia, felizmente, estava inscrito nesta base de dados e tinha me enviado uma senha. Pesquisando com palavras-chave, consegui baixar mais alguns casos e alguns comentários sobre o estado atual da lei inglesa, o que significava ler e pesquisar ainda mais.

Na manhã de domingo, tinha concluído toda a pesquisa sobre a lei inglesa. Agora, me restava fazer um resumo dos comentários e casos relevantes.

Para organizar o relatório, criei títulos. Entre ambos, acrescentei algumas das minhas próprias observações sobre a questão.

A FÊNIX QUIETA

No domingo à noite, já estava revisando o meu primeiro rascunho para garantir que tudo estava em ordem e não um amontoado de material desorganizado. O diretor já parecia bastante insatisfeito e eu certamente não queria jogar mais lenha na fogueira.

Revisei o documento várias vezes e até o mostrei para o meu pai, para que ele pudesse verificar se o relatório tinha fluidez.

Quando estava tudo pronto, respirei fundo, anexei o relatório a um e-mail e o enviei ao diretor. Finalizei domingo à noite.

De manhã, a primeira coisa que fiz foi verificar os meus e-mails. Não havia nenhuma mensagem nova.

Tomei um banho, tomei o café da manhã e, como de costume, cheguei ao escritório às 9h30. Tinha me preparado para mais encrenca e confusão.

Um relatório detalhado de 20 páginas deixaria o diretor ainda mais confuso do que antes, pensei.

Cheguei a imaginar o diretor gritando ao ler o relatório.

Mas o fato de ter seguido as suas orientações da melhor forma possível me consolava.

O diretor chegou ao escritório no final da tarde após um dia corrido de reuniões.

Passou pelo meu cubículo e, de fato, gritou bem alto como eu esperava. Mas disse:

"Bom trabalho!"

Todos os meus colegas pareciam um pouco confusos a princípio e, em seguida, olharam para mim com admiração.

Fiquei surpreso.

O diretor me chamou para o seu escritório e disse:

"Consegui ler o seu relatório. Não sabia que a lei indiana tratava o assunto de forma diferente da lei inglesa. Isso significa que vamos ter de reescrever determinadas cláusulas nos contratos quando realizarmos novas transações no futuro. Estou encaminhando seu relatório para os outros sócios deste escritório e para o escritório de Mumbai."

O meu relatório tinha sido muito bem recebido.

Me senti muito aliviado.

Tinha passado todo o final de semana em cima deste relatório.

Estava cansado.

Precisava de um tempo só para mim.

Ao longo dos próximos dias, muitos supervisores vieram até a minha mesa pedindo uma cópia do meu relatório por e-mail. Estava bastante animado e ocupado enviando e-mails para as pessoas que pediram o relatório.

Foi uma cena em tanto. Susanna e Mel-B não puderam deixar de notar o que estava acontecendo.

Alguns dos meus supervisores me elogiaram me chamando o "Rei do Direito Britânico".

Murmurei educadamente que eu não era rei, mas apenas um analista comum, a quem pediram para fazer uma pesquisa detalhada.

Mas eu me senti no sétimo céu por algum tempo.

Tomar iniciativas

Nossa sede em Mumbai costumava guardar todos os tipos de anotações, artigos, apresentações e listas elaboradas pelos advogados em um arquivo central. Essas anotações tinham o intuito de ajudar outros advogados que trabalhassem em operações similares. Este sistema era chamado de "Gestão do Conhecimento".

Advogados sênior e júnior (sob a orientação dos analistas sênior) eram incentivados a escrever seus próprios artigos ou preparar as suas próprias listas de verificação e enviá-las à Grupo de Gestão do Conhecimento.

Durante os exercícios de auditoria, eu tinha que verificar vários documentos de uma empresa, relacionados à bolsa de valores. A revisão consistia em verificar se a empresa estava enviando todos os principais documentos em uma base mensal, trimestral, semestral ou anual.

Os regulamentos tinham pouca utilidade e as listas de verificação elaboradas no passado, na realidade, mais me confundiam do que ajudavam. A pior parte era que os meus superiores, como a Rainha das Mancadas, não estavam nem aí para isso.

Então, no meu tempo livre, reescrevia a lista de verificação existentes usando minhas próprias experiências com o material.

Simplifiquei a lista de verificação de tal forma que até mesmo um garoto do ensino médio conseguiria analisar os arquivos da bolsa de valores.

Apresentei a lista de verificação ao Grupo de Gestão do Conhecimento, que ficou surpreso em obter essa lista de um simples analista júnior.

No entanto, após algumas avaliações, eles aceitaram a lista de verificação, já que ela poderia auxiliar outros Analistas júnior.

Outra iniciativa que tomei foi elaborar "Bíblias de documentos" e deixar uma cópia com a biblioteca.

Sempre que uma transação era concluída, os advogados tinham que arquivar todos os seus contratos e documentos em um grande arquivo para referência e análise futura, se necessário, o que apelidamos de "Bíblia de documentos". Esta atividade consistia em imprimir e organizar os documentos, elaborar um índice e rotular claramente os arquivos. Era um trabalho muito chato e ninguém queria fazê-lo.

Muitas vezes essas Bíblias eram criadas, mas não eram entregues à biblioteca. Isso acontecia porque então os analistas sênior já estavam muito ocupados e esqueciam desses documentos.

Enquanto eu me certificava de que todos os documentos chegassem à biblioteca de forma segura, meus colegas extrovertidos participavam do comitê de responsabilidade social organizando happy-hours e outros eventos sociais.

Do meu segundo ano em diante, comecei a ensinar os analistas júnior sob a minha supervisão a criar Bíblias de Documentos e enviá-las à biblioteca.

Tenho certeza de que você tem oportunidades semelhantes para tomar a iniciativa no seu local de trabalho.

Faça o que melhor combinar com você.

O que você realmente gosta de fazer?

Talvez escrever artigos, ajudar na biblioteca ou, em geral, criar bancos de dados relacionados à sua atividade e indústria.

Esta é outra forma de ser notado.

Interações diretas com chefes e líderes de equipe

Socializar em jantares ou eventos de networking pode não ser o ponto forte de um introvertido, mas em matéria de interações diretas, você pode causar um grande impacto em seus amigos, chefes e líderes de equipe.

Pense em situações em que você conseguiu interagir com alguém com sucesso.

Foi com um amigo, parente, em seu trabalho ou em outro lugar?

Qual foi o resultado?

As auditorias que conduzi nos escritórios de clientes e as viagens de empresa das quais participei me ofereceram uma oportunidade muito positiva para interagir diretamente com meus líderes de equipe e com meus colegas.

Você encontrará mais detalhes sobre isso no Capítulo 2.

Moral da história

Enquanto meus colegas extrovertidos se davam muito bem na hora de se vender e se vangloriar sobre sua expertise e inteligência, quando se tratava do trabalho em si, descobri que conseguia ofuscá-los.

Ninguém conseguia se igualar às minhas habilidades de redação, pesquisa, apresentação, detecção de problemas potenciais, orientação e preparação de listas de verificação; habilidades que formam a base de um excelente trabalho jurídico corporativo.

Muitas pesquisas, de fato, comprovam que os introvertidos podem superar seus colegas extrovertidos quando se trata de escrever, pesquisar, preparar e analisar. Na realidade, os introvertidos tendem a se preparar demais. Esta é uma força que pode fazer você (como introvertido) brilhar em seu trabalho.

Talvez você pertença a uma indústria diferente. Mas se a parte central de seu trabalho envolve atividades como elaboração de relatórios, análise de dados ou a criação de novos produtos ou soluções, fique sabendo que são nessas coisas que os introvertidos se destacam.

Se você não consegue se concentrar em suas tarefas, descubra quais são as razões.

O que realmente está incomodando você?

Você está conseguindo ficar sozinho tempo suficiente para ter um alto desempenho?

Lembre-se de que todas as tarefas que eu descrevi neste capítulo foram feitas quando eu estava sozinho. Eu estava sozinho em todas as circunstâncias, quer em casa ou em uma área tranquila do meu escritório.

Muitas vezes dirão que você não tem espírito de equipe.

Mas tenha em mente que você pode colaborar de várias formas.

Faça a sua parte da melhor forma.

As atividades de auditoria em que eu estava envolvido sempre eram conduzidas em equipe. Sempre me certificava de dar o melhor de mim em tudo que me pediam para revisar. Talvez você se encontre em uma situação similar. Pense em dar o melhor de si no seu trabalho.

Se o seu trabalho envolve falar em público ou fazer apresentações em Power Point, prepare-se bem. Peça que seus colegas e líderes de equipe o avisem com antecedência ou que lhe concedam mais tempo para se preparar. Sempre pense no público alvo e nos seus interesses, além das perguntas óbvias que poderiam surgir, e você vai se sairá bem.

Capítulo 6: Roubos de mérito, favoritismo e traições: coisas que não funcionaram tão bem para mim

---

Para falar a verdade, nem tudo foi um mar de rosas.

Muitas coisas não funcionaram para mim. Estes problemas existem na maioria dos escritórios.

Neste capítulo, compartilho problemas comuns nos locais de trabalho e a melhor forma de lidar com eles.

Ganhar o mérito pelo trabalho de outra pessoa

Introvertidos muitas vezes sofrem da "síndrome da desvalorização". Pelo menos eu sofria bastante desse mal.

Meus colegas extrovertidos se gabavam com bastante naturalidade de como lidavam com clientes, de como ficavam até tarde para terminar um projeto, de como conduziam uma transação internacional e assim por diante, enquanto eu ficava trabalhando em assuntos semelhantes em silêncio, sem fazer nenhum alarde. O diretor uma vez me disse que me faltava "arrogância" e, por isso, ficava para trás em relação aos meus colegas.

Meus colegas extrovertidos se destacavam na habilidade de fazer tudo parecer grande. Uma simples pesquisa se transformava em uma pesquisa revolucionária e inovadora. Faziam a elaboração de um pequeno documento parecer um árduo trabalho, e assim por diante.

A FÊNIX QUIETA

Tenho que admitir que eu não sabia me vender muito bem no meu trabalho. Vangloriar-me pelas coisas que estava fazendo simplesmente não fazia parte da minha natureza.

Mesmo quando me elogiavam por haver percebido um problema e evitado o constrangimento do escritório ou por ter feito pesquisas que tiveram consequências a longo prazo, eu não era o tipo de pessoa que saía por aí falando das minhas façanhas para os outros.

Por vezes, tinha a sensação de que era isso que fazia meus chefes pensarem que eu não tinha tanto trabalho, especialmente porque saía do escritório às 18h30, 19h na maioria dos dias e continuava trabalhando em casa. Talvez meus chefes também pensassem que meus colegas extrovertidos tinham mais experiência e confiança.

A pior parte era que muitas vezes meus colegas roubavam minhas ideias e as apresentavam como sendo suas e nem sequer reconheciam a minha contribuição.

Isso aconteceu comigo quando trabalhara na equipe de mercado de capitais. Minha equipe tinha quatro membros, além de mim, havia um analista júnior, um líder e um sócio. O outro colega era uma garota que se uniu ao escritório de Nova Delhi depois de passar um ano e meio no Escritório de Mumbai.

Ambos éramos analistas do nível A-2, mas ela sabia se promover muito bem como alguém que muita experiência, pelo fato de ter trabalhado com mercado de capitais no escritório de Mumbai. Ela falava alto, era arrogante e, de fato, parecia presunçosa e confiava demais no seu taco, se é que posso usar essa expressão.

Vou me referir a ela como a Exma. Sócia Majoritária. Ela era impetuosa, do tipo que bate na mesa, uma garota extremamente assertiva. Ela falava com seus colegas como se eles fossem integrantes de um acampamento de férias.

Sua generosidade chegou ao ponto de levar os colegas da equipe empresarial para almoçar em um hotel 5 estrelas e pagar todas as contas! Tive bastante sorte ao ser incluído na equipe júnior dela, onde éramos bajulados e recebíamos, em primeira mão, os conselhos dela sobre a carreira de cada um de nós, a direção que estávamos tomando, o que deveríamos ou não fazer segundo o ponto de vista dela, o que ficaria bem em nossos currículos, etc.

Gostava da sua generosidade, mas não da forma como ela estava tentando me lapidar como se eu fosse um pivete. Afinal, ela era uma analista nível A-2 assim como eu.

Nas reuniões, se a Exma. Sócia Majoritária discordava sobre qualquer assunto, ela não sossegava até convencer o sócio a aceitar seu ponto de vista. E se o sócio não concordasse, ela persistia até ele dizer "tudo bem". De forma geral, ela era bastante arrogante, sem papas na língua e eloquente.

Uma vez ela me chamou para trabalhar com ela na preparação de um guia de perguntas e respostas sobre os mercados de capitais indianos. Ela estava escrevendo esse guia para uma revista jurídica internacional de prestígio.

A FÊNIX QUIETA 125

Tratava-se de um trabalho não renumerado, e embora não contasse necessariamente para a nossa avaliação, no final, recebíamos um pouco de mérito pela iniciativa. Além disso, escrever um guia para uma revista jurídica internacional era algo que me interessava.

Então, acabei aceitando o convite dela.

Dividimos o trabalho dentro do nosso tumultuado horário de trabalho. Havia um total de 30 perguntas que precisavam ser respondidas. Dessas 30, eu escrevi 10 respostas e ela escreveu as 20 restantes.

Então, eu fiquei responsável por um terço das perguntas.

Meu erro foi não fazer nenhuma pergunta sobre quem receberia o mérito pelo trabalho.

Outro erro que cometi foi não comentar com ninguém que estava trabalhando neste guia.

Até que chegou o dia em que a Exma. Sócia Majoritária publicou o artigo online e não me falou nada a respeito.

Acabei me ocupando com outros projetos pelos quais receberia remuneração e esqueci o guia.

Foi apenas alguns meses depois que eu percebi que o artigo tinha sido publicado sem qualquer menção ao meu nome na seção de colaboradores.

A Exma. Sócia Majoritária apresentou todo o trabalho como sendo apenas seu, sem reconhecer que eu tinha contribuído com um terço do guia.

Percebi que era tarde demais para eu fazer alguma coisa. Mesmo assim, refleti sobre algumas ações que poderia ter tomado:

Um: confrontar a Exma. Sócia Majoritária sobre o ocorrido, pedir a ela que alterasse o artigo online incluindo o meu nome como colaborador, caso contrário levaria o assunto a um superior.

Achei que fosse tarde demais para fazer isso. O artigo já estava publicado há meses e não parecia que seria possível alterá-lo.

Dois: falar com o RH e o sócio da minha equipe sobre o assunto.

Como eu percebia que o sócio da equipe tinha uma predileção pela Exma. Sócia Majoritária (sobre o qual você saberá mais na próxima seção sobre favoritismo), provavelmente não faria nada a respeito. Além disso, os problemas que tive com o Sr. Corujão ainda eram bastante recentes. Não queria parecer um eterno reclamão.

Além disso, alguém poderia se perguntar porque eu permaneci em silêncio durante meses e de repente decidi levantar esta questão.

Diante de tal lógica, optei por permanecer em silêncio. Escrever um artigo para uma revista jurídica internacional não tinha tanta importância para ser incluída em uma avaliação, conclui.

Além disso, eu já havia publicado alguns artigos e listas de verificação com o meu nome em revistas de reputação similar. Então, levantar esta questão desnecessariamente teria me causado mais mal do que bem.

Decidi esquecer tudo isso e deixá-la ficar com o mérito de ter escrito o artigo sozinha. Afinal, ela tinha feito dois terços do trabalho do guia.

Deveria ter lidado com esta situação de forma diferente?

Para ser sincero, quanto mais penso nisso, mais sinto que o mais culpado por tudo isso fui eu mesmo por ter me deixado enganar.

Por que não ficou claro para mim quem ia ganhar o mérito pelo trabalho?

Por que não resolvi esta questão com a Exma. Sócia Majoritária antes de dizer sim?

Por que não perguntei a ela quando o artigo seria publicado?

E por que não escrevi tudo isso no meu diário, calendário, ou na minha lista de coisas a fazer para de vez em quando perguntar a ela sobre a data de publicação?

Fazendo esta retrospectiva, acredito que apenas eu poderia ter evitado que a Exma. Sócia Majoritária ganhasse o mérito por todo o trabalho.

Minha líder de equipe, a Rainha das Mancadas, já tinha me alertado que a Exma. Sócia Majoritária já tinha recebido o mérito pelos meus trabalhos em algumas ocasiões.

Para evitar isso, ela me aconselhou a copiar os analistas sênior nos meus e-mails para garantir que eles tomassem conhecimento das minhas contribuições junto à Exma. Sócia Majoritária.

Um excelente conselho.

Assim, tendo aprendido a lição da maneira mais difícil, comecei a colocar o sócio que estava na equipe no circuito.

É muito comum nos locais de trabalho acontecer de colegas roubarem as ideias dos outros ou repassar trabalhos feitos por outra pessoa como sendo de autoria própria.

A questão central é como impedir que outros colegas recebam mérito pelo seu trabalho?

Infelizmente, não há saídas fáceis para esta situação. Tudo depende da gravidade do problema, até que ponto você quer ficar vigilante e como o local onde você trabalha lida com esta questão.

Alguns locais de trabalho podem ter uma abordagem muito branda, enquanto outros a tratam como uma questão muito séria.

Fiquei surpreso com a dimensão que a discussão deste assunto assume em outros países.

Há inúmeros artigos interessantes sobre este tema, entre os quais recomendo:

4 razões para se sentir bem se um colega roubar sua ideia[1]

Como lidar com um colega de trabalho que rouba suas ideias[2]

Quando um colega de trabalho rouba suas ideias[3]

Esses artigos podem ser divididos em duas escolas de pensamento:

Confrontar o ladrão ou levar o assunto para a Administração

Parece que na maioria dos casos confrontar o ladrão parece ser a melhor solução. Diga à pessoa que você sabe que ela pegou suas ideias "emprestadas" sem a sua permissão de uma forma não-acusatória. Isso deve ser o suficiente na maioria das situações.

Levar a questão ao conhecimento da gerência é outra solução, mas parece que, na maioria dos locais de trabalho, isso pode lhe fazer mais mal do que bem. Você pode passar a impressão de reclamador ou alguém que carece de espírito esportivo. Tudo depende da forma como o seu local de trabalho vê o roubo de ideias. Se eles lidam com isso de forma muito rigorosa, então essa poderia ser uma possível solução.

---

1. http://money.usnews.com/money/blogs/outside-voices-careers/2013/04/02/4-reasons-its-ok-for-a-colleague-to-steal-your-idea
2. http://latino.foxnews.com/latino/lifestyle/2011/09/21/how-to-deal-with-co-worker-who-steals-your-ideas/
3. http://edition.cnn.com/2009/LIVING/worklife/09/21/cb.when.coworker.steals.ideas/index.html?iref=24hours

Deixar o ladrão roubar livremente as suas ideias

Esta poderia ser uma opção que vale a pena, se o roubo não for afetar sua segurança no emprego ou uma possível promoção. Alguns autores sugerem que deixar outra pessoa roubar suas ideias só levará à queda dessa pessoa, já que uma pessoa assim está propensa a se comprometer além de suas capacidades e depois falhar ao entregar o combinado.

Escolha essa opção se você tem certeza de que seus chefes confiam muito no seu trabalho. Eu estava trabalhando em uma equipe pequena, então meus superiores sabiam exatamente o que eu estava fazendo. Também me certificava de copiar os meus chefes nos e-mails e houve momentos em que eu diretamente coordenei e colaborei com eles.

Então, não deixei essas coisas me incomodarem.

No entanto, se você quer se precaver para evitar que roubem suas ideias, você precisa tomar certas medidas.

Guarde suas ideias para si e não envolva outras pessoas no que está fazendo.

Se estiver escrevendo um artigo, escreva você mesmo e publique-o em seu próprio nome. (Isso pode ser muito apropriado para introvertidos, já que gostam de compartilhar o seu trabalho apenas quando ele está completamente pronto).

Se você está colaborando com outras pessoas, especifique bem qual será o seu mérito pelo trabalho.

Anote tudo em um diário e certifique-se de que o seu nome não seja deixado de fora da lista de colaboradores.

Sim, tudo isso é possível. Mas tudo isso também significa gastar seu tempo e energia com o que cada um está fazendo, à custa de outro bom trabalho que pode sair prejudicado neste processo.

Favoritismo

Colegas que ganhavam mérito pelos trabalhos de outros era, na realidade, o menor dos problemas que enfrentei no meu local de trabalho. O pior foi lidar com favoritismos e traições ao mesmo tempo, quando trabalhei durante um ano na equipe de mercados de capitais.

Já mencionei que a Exma. Sócia Majoritária era uma analista nível A-2, assim como eu. No escritório onde eu trabalhava, todos os analistas nível A-2 faziam o mesmo tipo de trabalho.

No entanto, muitas vezes, enquanto me pediam para ir à sala de dados (acompanhado de estagiários ou sozinho, em muitos casos) para conduzir auditorias, a Exma. Sócia Majoritária participava de reuniões e teleconferências com clientes (um trabalho para um analista sênior).

Será que eu estava realmente sendo vítima de favoritismo?

Afinal, o que é favoritismo? Favoritismo é visto como uma prática de dar tratamento preferencial injusto a um trabalhador ou um grupo em detrimento de outros e do desempenho geral da empresa.

A primeira coisa a se fazer é averiguar se o seu chefe está realmente praticando favoritismo.

É aí que a situação se complica porque o favoritismo não é necessariamente praticado de forma aberta.

Então, você precisa ficar atento para perceber algumas pistas muito sutis de que isso esteja acontecendo.

Não dei a devida atenção aos primeiros sinais de favoritismo, mesmo quando eles eram muito óbvios para os demais.

Como um introvertido, costumava ser mais sensível, até mesmo hipersensível, por vezes.

Então pensava que, como a Exma. Sócia Majoritária parecia muito mais confiante (presunçosa) e articulada, era natural que o sócio (S. Sanguessuga, daqui para frente) a escolhesse para tarefas como participar de reuniões e teleconferências com clientes.

Eu tinha uma facilidade natural para detectar problemas potenciais e escrever relatórios. Então, eu era escolhido para conduzir auditorias. Achava que esta divisão de trabalho fazia sentido.

Algumas semanas depois, vi que minhas outras colegas, Mel-B e Susanna, estavam unindo forças contra a Exma. Sócia Majoritária.

O que realmente aconteceu foi que a Exma. Sócia Majoritária pediu um favor à Mel-B (apesar de Mel-B não estar no mesmo time), para que ela elaborasse um documento, o qual ela concordou.

A FÊNIX QUIETA 133

Quando a Mel-B enviou o documento à Exma. Sócia Majoritária, esta última respondeu que o documento não estava bom e que a Mel-B deveria fazer alterações nele. Esse e-mail foi com cópia para toda a equipe de mercado de capitais, inclusive para o sócio, o S. Sanguessuga!

Quando eu abri o documento, vi que ele estava vermelho com os comentários da Exma. Sócia Majoritária. Isso com certeza ofendeu a Mel-B, já que ela NÃO estava exatamente trabalhando para a Exma. Sócia Majoritária.

A Exma. Sócia Majoritária também queria Susanna a ajudasse com os seus trabalhos, algo que Susanna recusou. Todas as manhãs, a Exma. Sócia Majoritária chamava nós três (Mel-B, Susanna e eu) e perguntava em que estávamos trabalhando (para que ela pudesse dar um pouco do seu trabalho para nós). Ela realmente estava se comportando como uma analista sênior conosco e já era hora de ela aprender uma lição. Susanna e Mel-B entraram em contato com o RH e reclamaram que a Exma. Sócia Majoritária estava passando dos limites. A funcionária do RH disse a ambas que já tinha recebido queixas semelhantes de outros analistas sobre a Exma. Sócia Majoritária. Ela estava pensando em mudar o lugar da Exma. Sócia Majoritária para que ela pudesse voltar para o "planeta terra".

Como já mencionei, a Exma. Sócia Majoritária tinha vindo de Mumbai. Como o escritório de Nova Delhi era um escritório pequeno, em um primeiro momento ela foi alocada junto aos analistas de nível A-3 e a analistas superiores devido da falta de espaço.

A funcionária do RH achou que foi isso que estava inflando o ego da Exma. Sócia Majoritária e fazendo com que ela se comportasse de uma forma muito estranha. O lugar da Exma. Sócia Majoritária seria alterado para que ela se sentasse com os outros analistas nível A-2 e ficasse em pé de igualdade com os demais.

Sinais mais fortes de favoritismo

Poucos dias depois, nada havia acontecido. Susanna e Mel-B decidiram não insistir mais no assunto.

Durante as fofocas da hora do almoço, ambas me disseram que a Exma. Sócia Majoritária parecia estar em "bons termos" com o S. Sanguessuga e não havia razão para levarem o assunto adiante. Fiquei intrigado.

Então, decidi eu mesmo falar com o RH. Afinal, a Exma. Sócia Majoritária já havia me prejudicado da mesma forma que estava prejudicando os demais. A Madame do RH me disse que eles decidiram não alterar o lugar da Exma. Sócia Majoritária porque ela era uma funcionária bastante valorizada e que essa mudança poderia "desmoralizá-la".

Uau, que mudança de política.

Neste momento eu entendi por que a Susanna e a Mel-B decidiram não levar o assunto aos superiores. Até onde eu sabia, elas eram as mais veementes defensoras dos direitos humanos dentro do Escritório.

Ficou evidente que o S. Sanguessuga, o sócio, estava apoiando a Exma. Sócia Majoritária e que ninguém queria comprar uma briga com ele.

Durante o feriado de Natal de 2010, tinha feito planos de viajar para Hong Kong e Macau. Naturalmente, eu tinha de informar o S. Sanguessuga pessoalmente sobre os meus planos.

Ele imediatamente ligou para o ramal da Exma. Sócia Majoritária e pediu para que ela viesse até o seu escritório. Quando ela chegou, o S. Sanguessuga perguntou se havia algum assunto urgente e se tinha algum problema em permitir a minha folga.

A Exma. Sócia Majoritária disse que não havia questões muito urgentes durante o feriado de Natal, mas que deixaria ao critério dele (em suas palavras) aprovar ou não o meu pedido de licença!

Felizmente, o S. Sanguessuga, mesmo depois de ouvi-la, decidiu aprovar o meu pedido de licença.

Percebi alarmado que a Exma. Sócia Majoritária, que era tecnicamente do mesmo nível que eu, estava sendo consultada sobre a aprovação ou não da minha folga.

Normalmente, seria para o líder de equipe que o S. Sanguessuga perguntaria sobre assuntos urgentes antes de aprovar a folga de alguém.

No entanto, desta vez o líder da equipe também tinha tirado uns dias. A Exma. Sócia Majoritária era o único outro membro da equipe no momento, então ele achou lógico escutar o que ela tinha a dizer.

O curioso foi que quando a Exma. Sócia Majoritária estava viajando para a Grécia e a Turquia de férias, o S. Sanguessuga não consultou ninguém, nem o líder da equipe, nem a mim.

Isto não está cheirando a favoritismo?

Ignorar erros — Outro sinal de favoritismo

O S. Sanguessuga obviamente gostava da Exma. Sócia Majoritária. Consideravam-na um recurso valioso. E como poderia ser o contrário?

A Exma. Sócia Majoritária era ousada, falava alto e de forma assertiva e conseguia conduzir qualquer discussão em reuniões com clientes a seu favor. Ela era, de fato, uma negociadora obstinada.

Mas isso significa que ela poderia ser perdoada por todos os seus erros? Durante a auditoria, era normal solicitar uma lista de documentos, também conhecida como a lista de requisições.

Em uma manhã fria de fevereiro, eu estava trabalhando sozinho no escritório do cliente revisando documentos, quando de repente um dos caras da empresa gritou comigo. Ele estava indignado porque já tinha enviado os mesmos documentos, então por que aqueles documentos continuavam sendo pedidos repetidamente para revisão?

Verifiquei a lista e me dei conta de que tudo aconteceu porque a Exma. Sócia Majoritária tinha circulado uma antiga lista de requisições desatualizada por engano. A lista não tinha um erro, mas uma centena deles!

Disse ao cara da empresa que levaria esta questão aos meus companheiros de equipe. Isso pareceu acalmá-lo, pelo menos naquele momento.

A FÊNIX QUIETA 137

No dia seguinte, falei com o S. Sanguessuga e contei a ele sobre o constrangimento que passei por conta da mancada da Exma. Sócia Majoritária. O rosto do S. Sanguessuga permaneceu calmo e imóvel.

Ele me disse que esse tipo de constrangimento acontece todos os dias e que era melhor fazer cara de paisagem.

"Qualquer um pode cometer um erro assim. Eu também poderia ter cometido esse erro! Na minha carreira cometi muitos erros. É assim que se aprende", disse o Sr. Sanguessuga.

Fiquei impressionado. Meu chefe realmente era complacente com os erros dos outros. Um chefe tão tolerante é muito difícil de encontrar em qualquer local de trabalho.

Poucos meses depois, cometi exatamente o mesmo erro. Não o cometi deliberadamente ou por descuido. Mas mesmo assim aconteceu.

Em uma noite de setembro, eu estava muito cansado pelo excesso de trabalho. Uma lista de requisições tinha que ser enviada à Empresa sobre alguns documentos pendentes e eu por engano, por causa de meu cansaço, enviei uma cópia mais antiga da lista.

No dia seguinte, o mesmo cara da empresa ligou para a Exma. Sócia Majoritária e gritou com ela por ter enviado a lista de requisição errada. A Exma. Sócia Majoritária correu para o escritório do S. Sanguessuga com lágrimas nos olhos.

Eu estava de folga naquele dia. O S. Sanguessuga me ligou e perguntou por que eu não tinha atualizado a lista. Fiquei intrigado. Disse a ele que tinha enviado a lista mais recente.

Conseguia ouvir os berros da Exma. Sócia Majoritária atrás dizendo que não era verdade e que eu tinha arruinado a reputação do escritório. O S. Sanguessuga repetiu essas mesmas palavras pelo telefone:

"NÃO ARRUÍNE A REPUTAÇÃO DO ESCRITÓRIO", disse ele com indiferença.

Meu coração parou. Abri imediatamente a minha caixa de correio e percebi que havia enviado o documento errado. Desta vez, enviei o documento correto para a Exma. Sócia Majoritária e para o S. Sanguessuga. Eles também perceberam o meu erro.

Algumas horas mais tarde, o S. Sanguessuga me ligou novamente. Desta vez, ele estava mais calmo e me perguntou o que tinha acontecido.

Eu disse que provavelmente estava cansado na noite anterior e tinha cometido um erro.

Ele me disse que teria que enfrentar um grande constrangimento por minha causa e que teria que ir ao escritório da empresa em pessoa e pedir desculpas a administração e à gerência.

Não pude deixar de notar o comportamento do S. Sanguessuga em relação ao mesmo erro cometido por duas pessoas diferentes.

Quando a Exma. Sócia Majoritária cometeu o mesmo erro, ele estava em uma espécie de estado Zen-budista. Quando foi comigo, parecia o deus grego Zeus, soltando relâmpagos.

Admito que as circunstâncias eram bem diferentes meses mais tarde.

O negócio estava se atrasando a cada dia.

Uma razão era que a empresa estava enviando os documentos em um ritmo muito lento, o que estava prejudicando o processo de auditoria.

A administração da empresa estava colocando a culpa no cara responsável pelo envio dos documentos, que por sua vez queria provar que ele tinha enviado todos os documentos (o que não era verdade) e que éramos nós, os advogados, que o estávamos atormentando, pedindo os mesmos documentos repetidamente.

Sob tais circunstâncias, um erro assim só acrescentaria mais lenha na fogueira.

Para agravar ainda mais a situação, a equipe de mercados de capitais não estava tendo lucros.

O dono do escritório já tinha se desfeito de muitos sócios e eliminado alguns departamentos por baixo desempenho. Então, era bem possível que a cabeça do S. Sanguessuga fosse a próxima.

Possivelmente, todas estas situações estavam colocando mais pressão sobre ele. Portanto, era natural que ele estivesse mais propenso a explodir agora do que antes.

Foi muito azar meu ficar com telhado de vidro nessa situação.

Independentemente de como eu pensasse, senti que havia algo a mais por trás de tudo isso. Um chefe com uma mentalidade Zen-budista não perde o centro, independente do grau de dificuldade das circunstâncias. Está sempre disposto a proteger seus funcionários e a resolver problemas de forma pacífica.

Portanto, não via nenhuma razão pela qual o S. Sanguessuga não conseguiria resolver esta última questão sem alarde. Ele já havia me dito que era preciso me tornar menos sensível e que esses erros poderiam ter sido cometidos por qualquer pessoa. O que tinha acontecido com aquela atitude agora?

E se a Exma. Sócia Majoritária cometesse o mesmo erro novamente? Será que o S. Sanguessuga gritaria com ela como fez comigo?

Outro fato interessante que notei foi que nestas duas circunstâncias difíceis não haviam influenciado de forma alguma a relação entre o S. Sanguessuga e a Exma. Sócia Majoritária.

Quem disse que a percepção dos colegas não importa?

Com frequência, não dava bola para o fato de ser tratado de forma injusta.

"Pare de ser um reclamão, Prasenjeet.

Aceite a verdade."

"Pare de jogar este jogo de vitimização."

"Está tudo na sua cabeça."

A FÊNIX QUIETA

Pensamentos assim costumavam vir com frequência à minha mente.

O interessante foram as observações dos meus colegas.

Era muito comum eles ficarem provocando e brincando uns com os outros.

A piada da vez era que eu respondia a três chefes diferentes: À Rainha das Mancadas, líder da equipe, ao S. Sanguessuga, o sócio, e à Exma. Sócia Majoritária (supostamente minha colega).

"No final, a Exma. Sócia Majoritária irá decidir o valor do bônus que você vai receber. Muito em breve, ela estará lhe dizendo se você foi ou não um bom menino", brincou Susanna.

"A Exma. Sócia Majoritária está com tanta fome o tempo todo. Ela vai comer todo o seu bônus e não vai sobrar nada para você", acrescentou Mel-B.

As piadas teriam sido muito engraçadas, se não fossem comigo. Mesmo assim, eu tinha que levar na esportiva e fingir que estava gostando da brincadeira. No entanto, as piadas faziam insinuações com relação à disputa de poder dentro da minha equipe.

"A equipe do mercado de capitais é o time com mais politicagem deste escritório. Olhem para o S. Sanguessuga. O pior sócio do escritório. Realmente não consigo acreditar no tanto de m**** que você está tendo que aguentar nesta equipe", afirmou Mel-B em um tom muito sério.

Sem sombra de dúvida, havia algo de muito errado com a equipe de mercado de capitais. Eu não necessariamente me sentia uma vítima, mas os demais também estavam percebendo o mesmo que eu.

A segunda líder da equipe

Já mencionei como, às vezes, a Exma. Sócia Majoritária nos convidava para almoçar em restaurantes de hotéis 5-estrelas bastante caros. Achava que ela era burra por gastar tanto dinheiro. Ela não estava ganhando mais do que nós, com certeza. Mas eu acho que estes mimos a faziam se sentir como uma analista sênior, a mãe de todos, e davam uma inflada no seu ego.

A parte mais engraçada era quando ela aproveitava essas ocasiões para nos aconselhar sobre nossas carreiras. Em um desses almoços de sexta-feira tivemos a seguinte conversa:

"Não quero dizer nada que prejudique você para o sócio (S. Sanguessuga). Quero que você coopere comigo e aceite os trabalhos que passar a você sem reclamar", disse ela.

Fiquei perplexo demais para reagir.

"Isso não vai ficar bem para sua carreira no longo prazo", me advertiu em outra ocasião.

Fiquei chocado e impressionado ao mesmo tempo. Pensei que ela estava completamente fora de si para falar deste jeito.

Haviam apenas duas possibilidades: ou ela era narcisista ou muito esperta.

Refletindo sobre o que aconteceu, acho que ela era muito esperta.

A FÊNIX QUIETA

Ela tinha o apoio incondicional do S. Sanguessuga para fazer o que bem entendesse e sabia que ninguém poderia fazer nada contra ela.

Susanna e Mel-B também já tinham tentado detê-la, mas não tiveram sucesso.

Uma vez a Exma. Sócia Majoritária insistiu para que eu pedisse a sua permissão antes de sair do escritório.

Fiquei calado.

"Você não é minha chefe. Você é apenas uma maldita analista nível A-2 como eu", pensei comigo mesmo.

Uma noite pedi permissão a minha chefe de equipe para trabalhar em casa após as 19h. Foi só eu chegar em casa, por volta das 19h30, que a Exma. Sócia Majoritária estava no telefone me perguntando onde eu estava.

Quando disse a ela que eu estava trabalhando de casa, enviou imediatamente um e-mail com cópia para mim, minha líder da equipe e o S. Sanguessuga informando que eu tinha saído do escritório às 19h!

Ninguém se manifestou, mas me surpreendi com a cara de pau da Exma. Sócia Majoritária.

Danos ao desempenho geral da empresa

Conduzir auditorias era a principal atividade de um analista nível A-2. De forma geral, uma auditoria envolve três ou quatro analistas entre os níveis A-1 e A-3, além de alguns estagiários.

Era preciso realizar extensas auditorias nas operações de mercados de capitais.

De qualquer forma, a equipe era pequena, com apenas dois analistas de nível A-2, um líder de equipe (com seis anos de experiência, mas ainda não considerado um analista sênior) e um sócio.

Então, a lógica seria que o trabalho fosse dividido igualmente entre os analistas de nível A-2.

Espantosamente (ou nem tanto), a Exma. Sócia Majoritária evitava participar das atividades de auditoria. Ela via os "arquivos empoeirados" como algo abaixo do nível de competência dela e considerava tais trabalhos mecânicos e servis algo mais apropriado para mim e para os outros estagiários. A líder da equipe e o S. Sanguessuga permaneciam em silêncio.

Como resultado, eu estava ficando cada vez mais sobrecarregado de trabalho.

Estava conduzindo todo o processo sozinho, com a ajuda de alguns estagiários inexperientes.

Me perguntava se isto era no melhor interesse do Escritório.

Um analista sobrecarregado de trabalho certamente entregaria um trabalho de menor qualidade, muito abaixo das expectativas do escritório. Será que o S. Sanguessuga não estava nem aí?

Mas se fosse eu quem tivesse dado uma desculpa para não consultar os "arquivos empoeirados", com certeza teria irritado o Sr. Sanguessuga.

Teria me dito que era pegar ou largar.

A hora de se posicionar

Chegou um momento em que pensei, basta! Isto não podia continuar.

Precisava falar com a equipe de RH. Ainda confiava um pouco na minha líder da equipe e no S. Sanguessuga.

Será que o S. Sanguessuga não estava ciente do que estava acontecendo? Diz-se que muitos chefes agem com favoritismo, mas não estão realmente conscientes disso.

Então, tinha chegado o momento de eu me manifestar e deixá-los conscientes das consequências. Tinha que ser mais assertivo, refleti.

Falei com a líder da equipe primeiro, quando ela estava me enviando para uma tarefa de auditoria à noite.

"A Exma. Sócia Majoritária vai colaborar comigo nesta tarefa?", perguntei à líder da equipe no tom mais assertivo que consegui emitir.

"Na verdade, ela está ocupada com um outro assunto", respondeu a líder.

"Qual outro assunto?", perguntei.

A líder da equipe ficou em silêncio ou talvez tenha murmurado algo que eu não consegui entender.

Sabia que havia algo errado.

"Por que estou sendo tratado de forma tão injusta? Por que estou sempre sobrecarregado com esse tipo de trabalho?", insisti.

"Ninguém está te tratando de forma injusta, é coisa da sua cabeça", replicou a líder de equipe.

Estava convencido de que tudo o que estava acontecendo comigo não era coisa da minha cabeça.

"Olha, eu não estou em uma posição para lidar com este assunto. O sócio está. Se esta questão está incomodando você, sugiro falar com ele", a líder da equipe disse finalmente.

Assim que chegou o momento de falar com o S. Sanguessuga e contar-lhe como me sentia. Não falei com o RH intencionalmente.

O RH tinha sido bastante incompetente com relação a determinar onde a Exma. Sócia Majoritária iria se sentar. Por isso, era inútil falar com eles a respeito de um problema ainda mais sério.

Na manhã seguinte, caminhei a passos largos pelo escritório de propósito até chegar na porta do S. Sanguessuga e bater. Pediu-me para entrar e me sentar. Disse a ele que estava sendo sobrecarregado com trabalho, sendo o único responsável por um processo de auditoria pesado, e lhe pedi que incluísse a Exma. Sócia Majoritária também no processo.

Gentilmente alertei o S. Sanguessuga das consequências de se ter uma única pessoa responsável pela auditoria: um trabalho de baixa qualidade afetaria a reputação da empresa a longo prazo, etc.

A FÊNIX QUIETA

O S. Sanguessuga ouviu tudo e então falou:

"Venho notando que a sua competência e autoconfiança melhoraram muito do ano passado para cá.

Estamos confiantes de que você consegue conduzir o processo de auditoria sem qualquer ajuda", ele disse.

Uau, fiquei lisonjeado. Meu chefe estava reconhecendo meu trabalho e excelente desempenho. Não estava passando despercebido como tinha pensado.

Mas será que o meu chefe realmente estava me elogiando ou estava tentando ofuscar uma questão mais grave, como o favoritismo?

Descobriria a resposta alguns meses depois. Mas naquela época, não esperava que meu chefe fosse capaz de mentir ou deliberadamente me elogiar para evitar um problema. Esperava que meu chefe falasse com franqueza sobre os meus pontos fortes e fracos.

Então, decidi não deixar que o S. Sanguessuga se desviasse do problema e insisti.

"Mas, senhor, é preciso envolver a Exma. Sócia Majoritária no processo, caso contrário todo o processo será prejudicado a longo prazo", disse.

"Valorizo sua opinião e feedback. Esta certamente é uma questão urgente e um motivo de preocupação. Vou ver o que posso fazer para incluir a Exma. Sócia Majoritária", disse ele.

A reunião com o S. Sanguessuga tinha sido, de fato, positiva.

O resultado da reunião: nada aconteceu. Absolutamente nada.

Estava de volta à estaca zero. A Exma. Sócia Majoritária voltou a agir como antes e o S. Sanguessuga estava novamente no modo silencioso.

Mudança de equipe – A solução final

A situação estava tão desagradável que eu finalmente decidi aplicar o último golpe: mudar de equipe.

Tinha esgotado todos os métodos possíveis. Favoritismo não era o único problema, as puxadas de tapete eram ainda mais graves (algo que irei discutir separadamente).

Se uma lagoa está totalmente poluída, então é melhor nadar em outra lagoa, pensei.

Eu não era responsável por tudo o que estava acontecendo na equipe de mercado de capitais e tentei fazer o que eu achava que seria o melhor para a equipe. Mas, afinal de contas, esse problema não era meu.

Desta vez conversei com o diretor e com o RH. Disse-lhes que estava interessado em explorar as fusões e aquisições após ter adquirido um pouco de experiência em mercado de capitais.

Não toquei no assunto de favoritismo de propósito. Isso teria dado a impressão de que era um chorão, uma criança mimada que não para de reclamar. A probabilidade do diretor e do RH me levarem à sério seria menor.

Mas a vontade de explorar uma nova área é, geralmente, bem-vinda e vista como um comportamento positivo.

O diretor me perguntou por que eu queria trabalhar com fusões e aquisições.

"Você apenas pensa em fazer alguns trabalhos em fusões e aquisições e depois voltar para mercado de capitais, ou você quer que eu mude sua equipe?", perguntou o diretor.

"Mudar de equipe", disse.

O diretor pareceu surpreso.

"Nesse caso, vou precisar envolver o RH", disse ele.

"Claro", respondi.

Nada aconteceu por um mês, mas depois desse tempo, de repente, me mudaram de divisão.

Finalmente disse adeus à equipe de mercados de capitais.

O que você realmente pode fazer em caso de favoritismo?

Admito que o favoritismo não é um tema nada fácil de abordar. Busque favoritismo no Google e verá que esta prática é muito comum em locais de trabalho de todo o mundo.

Não existem soluções rápidas ou maneiras fáceis de lidar com este problema. Eu mesmo penei por causa de favoritismo e o propósito de escrever tanto sobre o assunto não é para me lamentar, mas para que você saiba o quão difícil é lidar com este tema.

Dos tantos livros e artigos que li sobre favoritismo, enquanto alguns tentam lidar de forma direta com a questão, muitos tentam apresentar uma forma muito simplista de abordar o assunto.

Lembre-se que o pior do favoritismo é que ele mina a sua moral e autoconfiança. Esse é um grande problema. Não subestime isso.

Inicialmente, tentei tolerar a situação. Pensei que nem todo local de trabalho é perfeito e que eu deveria cuidar da minha vida. Mas acredite em mim, essas questões começaram a mexer comigo, afetando meu desempenho e ânimo no longo prazo.

Então, como você pode lidar com o favoritismo, se você está sendo vítima dele?

Em primeiro lugar, certifique-se de que você realmente está sendo vítima de favoritismo.

É muito provável que seus chefes e o RH digam que você está imaginando coisas.

Portanto, não comece a agir imediatamente, apenas ligue o seu radar para detectar possíveis pistas.

Lembre-se sempre que o favoritismo não deixa pistas óbvias. Na verdade, apenas pistas bastante sutis. Apenas observando durante alguns meses é que você talvez detecte um padrão de comportamento.

A FÊNIX QUIETA

Também observe o que seus outros colegas pensam sobre isso. Eles também percebem a situação de favoritismo, ou apenas você?

No meu caso, Susanna e Mel-B costumavam fazer fofocas e piadas a respeito, o que, obviamente, dava a entender que eu não era o único com a mesma percepção.

Em seguida, fale com o RH, com o líder de equipe ou diretamente com seu chefe, o que pode ser de pouca utilidade, especialmente quando eles próprios são complacentes com a situação. Isso é o que todos os especialistas pregam. Então, é melhor esgotar essa opção antes de passar para algumas medidas mais drásticas.

Confie um pouco em seu chefe. Pode ser que ele não esteja realmente consciente do que está fazendo e de como você se sente com relação à situação. Alertar o seu chefe pode ajudar, mas faça-o de um modo sútil.

Falar com ele pode se tornar bastante complicado. Não o acuse. É melhor falar pessoalmente. Enviar um e-mail também poderia ser uma opção, mas tenha muito cuidado. Um e-mail às vezes pode sair pela culatra.

Se nada funcionar, tente mudar de equipe de trabalho, como eu fiz. Essa também não é uma opção fácil. Mudar de equipe pode ser mais fácil do que mudar de emprego, mas tente as duas opções, uma de cada vez.

Não use o favoritismo para justificar uma mudança de equipe ou trabalho. Você pode ser visto como um chorão e o RH e seus novos empregadores podem não gostar muito disso. Eles podem pensar que você tem o hábito de falar mal de seus ex-chefes e que fará o mesmo em seu novo emprego. Em vez disso, concentre-se em se comportar de forma positiva, e diga o que você quer conquistar com o novo trabalho, e assim por diante.

Traições e puxadas de tapete

Uma puxada de tapete é o que há de mais desmotivador na vida de alguém. É muito comum isso acontecer no local de trabalho, mas quando aconteceu comigo, quase me destruiu completamente por dentro. Uma puxada de tapete tem diversos níveis, mas infelizmente, tive que enfrentá-la da pior forma possível.

Todos os anos, no mês de março, costumávamos receber um modesto aumento de salário. O aumento costumava ser pouco, menos do que 10%, na maioria das vezes. No entanto, era um dos momentos mais felizes do ano.

Em abril de 2011, meu salário não foi reajustado. Recebi uma notificação via SMS do meu banco me avisando que o meu salário de março já havia sido creditado na minha conta. No entanto, o valor mencionado no SMS era o mesmo que no ano anterior, ou seja, sem aumento.

Durante o almoço, meus superiores estavam muito entusiasmados com o aumento em seus salários (para alguns, o salário havia dobrado).

Cada um recebeu um bônus generoso separadamente (inclusive eu).

A FÊNIX QUIETA

Pensei que havia ocorrido uma falha da contabilidade e por isso, não tinha recebido um aumento. Então, decidir falar primeiro com a Susanna, que parecia muito satisfeita com seu bônus. Perguntei-lhe sobre o aumento.

Sua expressão facial mudou de repente. Parecia assustada. Não deveríamos falar abertamente sobre os nossos salários. Era a política oficial. Portanto, essa súbita mudança de expressão facial não me incomodou.

Susanna parou por alguns segundos e, em seguida, perguntou:

"Você recebeu um aumento?"

"Não, por isso vim falar com você", disse.

"Nem eu recebi um aumento", disse ela.

"Estranho, não é, já que recebemos um bônus", eu disse.

Eu sabia que meus superiores tinham recebido um aumento. Então, fui até o departamento de contabilidade para perguntar o que tinha ocorrido com o nosso aumento. Para minha surpresa, o contador me disse que todos tinham recebido um aumento. Pedi-lhe para verificar se tinha havido algum equívoco com o meu salário. Ele verificou seu computador e disse:

"Não. Não recebi nenhuma mensagem da gerência para aumentar o seu salário. Lamento ter que lhe dizer isto", disse ele.

Isso me deixou completamente surpreso. Fui imediatamente para o RH e falei com a funcionária novamente. Ela me disse que poderia ser devido a alguma "questão relacionada com desempenho" que o S. Sanguessuga provavelmente havia mencionado na minha avaliação.

Perguntei-lhe "quais questões relacionadas com o meu desempenho?"

Ela parecia bastante confusa e me disse que o S. Sanguessuga realmente não tinha compartilhado nenhum detalhe com ela e que tentaria marcar uma reunião com ele ou com a líder da minha equipe.

"De quais questões relacionadas com desempenho a funcionária do RH estava falando?", pensei comigo.

Sabia que tinha cometido alguns erros e dado algumas mancadas, mas isso acontecia com todos os outros. Este não me parecia ser um motivo forte suficiente para negar a alguém um aumento.

Precisava de mais informações. Alguns dias depois, a minha líder de equipe me chamou para uma reunião particular. Ela me disse que a empresa me valorizava e, em seguida, passou a falar sobre meus pontos fortes e fracos. Me disse que eu trabalhava bastante, mas que eu poderia ser mais proativo no futuro e ver as coisas na sua totalidade.

Parecia uma conversa particular padrão. Não havia indicação de quaisquer problemas relacionados com o meu desempenho.

Fiquei intrigado. Comentei com ela que não tinha recebido um aumento e que me disseram que havia alguns problemas. Minha líder de equipe comentou que não havia nenhuma questão irregular de sua parte.

A FÊNIX QUIETA

Isso me fez sentir mais impotente e confuso. Ninguém queria explicar o que eu tinha feito de errado. Como então poderia corrigir a minha postura?

Cada dia que passava, eu ficava mais estressado, desmotivado e desmoralizado. Não conseguia me concentrar. Fiquei deprimido.

Estava muito grato pelas amizades que tinha feito no trabalho. Uma das garotas da equipe de marketing me deu forças para falar diretamente com o S. Sanguessuga. Levei quase um mês para criar coragem para falar com ele.

Sou uma pessoa introvertida e odeio situações conflitantes. Confrontar meus chefes e fazer perguntas descaradas realmente não era da minha natureza.

No entanto, foi o que eu fiz. Falei com o S. Sanguessuga diretamente. Fiquei surpreso ao descobrir que o S. Sanguessuga me parecia um pouco confuso. Ele precisou de algum tempo para organizar seus pensamentos.

"Veja bem, seu desempenho é avaliado com base no formulário de avaliação que você preencheu. O formulário de avaliação tem certos critérios...", murmurou.

E, de repente, acrescentou, "...o aumento foi negado porque você não fez trabalhos pro-bono suficientes. Você não se esforçou para se aprimorar. NÃO SE RECEBE UM AUMENTO DO NADA, VOCÊ DEVE FAZER POR MERECER", disse ele tentando soar irritado.

Fiquei perplexo. Eu já tinha mencionado algumas iniciativas que havia tido no ano anterior, como a preparação de listas de verificação, a elaboração de artigos, a orientação de analistas júnior quanto ao envio das bíblias de documentos, etc. Isto certamente não era verdade.

Será que S. Sanguessuga se deu ao trabalho de ler o que eu escrevi no meu formulário de avaliação, pensei comigo.

Insisti. Decidi me manter firme e lembrá-lo de todas as iniciativas que eu havia tido no ano anterior, mas sem sucesso. O S. Sanguessuga não ia mudar de ideia.

Até que finalmente saí da sala calmo, mas indignado. Esta foi a explicação mais patética que o meu chefe poderia ter inventado. Será que o S. Sanguessuga tinha deletado da memória aquelas ocasiões em que tinha valorizado as minhas contribuições? O que aconteceu com aquilo?

Naquela noite, ao sair do escritório, encontrei Susanna no elevador. Ela me disse que tinha mentido para mim sobre o seu aumento. Eu disse que sabia disso e que haviam me negado um aumento deliberadamente.

Então ela falou algo interessante....

Ela me disse que estava curiosa para saber por que me negaram um aumento e decidiu investigar sobre o assunto por conta própria e falar com a minha líder de equipe.

"O Prasenjeet é realmente um bom funcionário. Já ouvi muitos elogios sobre ele", disse Susanna.

A FÊNIX QUIETA

"Sim, verdade", respondeu minha chefe de equipe.

"Então por que não deram um aumento para ele?", perguntou Susanna com curiosidade.

"Porque ele trabalha como um robô. Você sabe o que eu quero dizer. Ele é muito mecânico em sua abordagem", a chefe de equipe respondeu.

"Isso é tudo?", perguntou Susanna em tom de surpresa.

"Sim...não tinha nada melhor a dizer sobre ele", disse a líder.

Agora eu estava percebendo o que tinha acontecido.

Eu havia sido apunhalado pelas costas.

Minha líder da equipe realmente fazia jus ao seu apelido Rainha das Mancadas. Ela tinha o hábito de ridicularizar os outros com fofocas, mas desta vez ela tinha ido longe demais. Ela tinha feito alguns comentários negativos na minha avaliação (coisas infundadas e muito vagas, como robô), que influenciaram a gerência a decidir não me dar um aumento.

"Mas você tem que me prometer uma coisa", pediu Susanna.

"Não diga a ninguém que eu lhe contei isso. Se você decidir enfrentar a sua chefe de equipe, não mencione o meu nome. Caso contrário, isso pode acabar em uma catástrofe", disse ela.

Prometi a ela que não mencionaria o seu nome. Ela estava certa: tinham puxado o meu tapete. Se a minha líder da equipe ficasse sabendo que havia sido a Susanna quem vazara essas informações, transformaria a vida dela em um inferno. Afinal, estamos falando de uma puxada de tapete digna de Ali Babá no local de trabalho.

Eu já tinha percebido este tipo de comportamento da Rainha das Mancadas e tinha certeza que Susanna não estava inventando esta história. Outros também já haviam me dito que a Rainha das Mancadas costumava falar mal de mim pelas minhas costas a outros analistas sênior. Entretanto, foi um alívio saber que outros analistas sênior me defendiam com unhas e dentes. Nem todo mundo era tão ruim, afinal.

Tenho certeza que você quer saber por que eu não poderia fazer muito a respeito da punhalada pelas costas que levei da Rainha das Mancadas.

Por que algumas pessoas puxam o tapete de outras?

Profundamente perturbado com o ocorrido, decidi pesquisar no Google por que algumas pessoas puxam o tapete de outras. O que eu li foi muito interessante.

Como confrontar um traidor no trabalho[4]

Esse artigo explica que:

"Quem puxa o tapete de um colega é alguém que finge ser seu amigo, ou que está do seu lado, e quando vira as costas, faz ou diz coisas que prejudicam, expõem ou maltratam você, sugerindo ou revelando coisas sobre sua pessoa. Puxar o tapete é uma forma de manipulação..."

Bem verdadeiro.

---

4. http://www.wikihow.com/Confront-a-Backstabber

A FÊNIX QUIETA

A Rainha das Mancadas fingiu ser minha amiga o tempo todo. Dividimos condução muitas vezes, quer para o escritório de um cliente ou para a sala de dados. Pensei que tinha cultivado uma boa relação de trabalho com ela.

Às vezes, ela parecia muito verdadeira. Durante os nossos deslocamentos, ela compartilhara muitos detalhes pessoais sobre sua vida, algo que se faz apenas com um amigo ou alguém que você quer bem.

Então, o que fez a Rainha das Mancadas puxar o meu tapete a tal ponto de me desmoralizar completamente?

Insegurança quanto à sua posição

Esta é uma das principais razões para alguém puxar o tapete de outra.

Aquele que pratica o ato se sente incapaz de chegar onde deseja na vida, porque não é talentoso, não gosta de trabalhar duro, não consegue se planejar direito ou está com medo de inovar.

Este tipo de pessoa cobiça promoções, lucros, ou uma posição melhor; no entanto, ela vê a traição como um caminho mais fácil para atingir seus objetivos.

Em nosso Escritório, ser promovido do nível A-3 à posição de analista sênior dependia exclusivamente do seu desempenho.

A Rainha das Mancadas estava há seis anos no escritório na função de analista e ainda não tinha sido promovida para analista sênior. Seis anos de experiência significavam que, para todos os efeitos práticos, ela conseguiria desempenhar o papel de analista sênior e, de fato, estava trabalhando como tal.

Com a exceção de que ela estava recebendo muito menos do que um analista sênior e não tinha o "status" que vem junto com a mudança na hierarquia. Todos os seus colegas tinham sido promovidos para analistas sênior após quatro anos de escritório, enquanto ela criava raízes na mesma posição há quase seis anos. Não consigo imaginar o nível de frustração que isso pode causar.

Não tenho certeza de quem era a culpa pela situação da Rainha das Mancadas. Em inúmeras ocasiões, tinha perguntado se ela esperava ser promovida para analista sênior e, a cada vez, seus olhos se enchiam de lágrimas. Certa vez, me disse que ela não estava sendo valorizada pelo S. Sanguessuga.

Acredito que uma parte da culpa era realmente do S. Sanguessuga. Quando trabalhava na equipe de mercado de capitais, percebi que o S. Sanguessuga era realmente muito bom em desmotivar os funcionários. A negação arbitraria de uma promoção ou um aumento parecia ser algo bastante comum.

A Rainha das Mancadas até chegou a me contar que estava procurando emprego em outro lugar.

Como ela continuava no escritório, suponho que não estava tendo sucesso em sua missão.

Sua vida pessoal também não estava indo muito bem. Ela não era casada e tinha uma mãe doente para cuidar. Além disso, também odiava trabalhar depois do expediente. Suas responsabilidades familiares obrigavam-na a sair do escritório por volta das 18h para preparar o jantar e, então, continuar a trabalhar de casa. Portanto, a vida não parecia ser justa com ela.

Mas de uma coisa eu tinha certeza. A Rainha das Mancadas estava desesperada para conseguir uma promoção. Ela já estava em seu sétimo ano neste escritório. Desta vez, ela estava disposta a fazer qualquer coisa. Estava desesperada para provar a sua competência, e que gerenciaria uma equipe tão bem quanto qualquer outra pessoa.

O caminho mais fácil, então, era culpar os demais pelas suas mancadas e provar a incompetência deles.

Para impressionar alguém

Esta é outra razão para a puxar o tapete de alguém.

A Rainha das Mancadas queria impressionar o S. Sanguessuga a todo custo.

Uma boa maneira de fazer isso era colocar a culpa diretamente nos outros (neste caso, em mim) e dizer a ele que, se ela não estivesse realmente administrando bem a situação, toda a operação iria por água abaixo.

Desta forma, o S. Sanguessuga seria forçado a acreditar que a Rainha das Mancadas estava realmente trabalhando duro porque os demais estavam se esquivando e não fazendo um bom trabalho.

Até certo ponto o S. Sanguessuga incentivava esse tipo de comportamento. Pois a Exma. Sócia Majoritária respondia "não fui eu, foi ele" quando questionada por alguma mancada que tinha cometido, e o S. Sanguessuga a perdoava e se calava.

De qualquer forma, a Exma. Sócia Majoritária era a favorita do S. Sanguessuga e até mesmo a Rainha das Mancadas sabia disso a ponto de não se meter com ela.

Eu era, naturalmente, o alvo mais fácil de atingir, o que era feito de forma muito sutil. Na maioria das vezes, ela não se incomodava que eu trabalhasse de casa, mas quando todos nós estávamos em uma reunião interna, a Rainha das Mancadas casualmente fazia uma observação "Prasenjeet, não saia do escritório hoje sem antes me perguntar".

Para um Sócio, a mensagem era que eu evitava trabalho porque estava desesperado para sair do escritório na hora certa, quando na verdade era a Rainha das Mancadas que geralmente saia do escritório uma hora mais cedo do que eu todos os dias!

Como já trabalhava há seis anos com o S. Sanguessuga, ela conhecia todos os truques para agradá-lo.

Inveja

A peça Central Park West, de Woody Allen, tinha uma ótima fala que dizia: "As pessoas não te odeiam pelas suas fraquezas, elas te odeiam pelos seus pontos fortes".

Eu conhecia a Rainha das Mancadas muito bem. Ao contrário de mim, ela nem sequer tinha finalizado a faculdade de direito.

De fato, ela tinha um diploma de tecnólogo em Ciência Jurídicas (porque não foi aceita no curso de Bacharelado em Direito) e começou a trabalhar neste escritório por causa de alguns "contatos". Por outro lado, eu tinha me graduado em Direito pela University College London, que é supostamente uma das dez melhores faculdades de Direito do mundo.

De forma geral, recebia muitos elogios pela minha desenvoltura na escrita, na elaboração de minutas e em pesquisa. Exatamente o tipo de elogio que a Rainha das Mancadas cobiçava.

Será que ela consciente ou inconscientemente sentia ciúmes das minhas realizações? Será que ela se sentiu ameaçada em algum momento?

Vingança

Lembro-me de ter dito "não" (educadamente) para algumas solicitações absurdas feitas por ela.

Uma vez, quando estava trabalhando no escritório de um cliente sozinho, a Rainha das Mancadas me pediu para voltar para o escritório, pegar alguns documentos e depois voltar para o escritório do cliente.

A prática habitual era entregar documentos por meio de um office boy.

Mas a Rainha das Mancadas queria, aparentemente, economizar dinheiro do escritório e não chamar um office boy, que cobraria um alto valor pelo serviço.

Eu não tinha carro e usava o metrô. Perderia muito tempo interrompendo meu trabalho no meio para pegar documentos no meu escritório e retornar ao escritório do cliente.

Portanto, mantive minha posição e insisti que ela fizesse com que esses documentos chegassem a mim, o que ela finalmente fez depois de muito bate-boca.

Em outra ocasião, a Rainha das Mancadas queria que eu a deixasse em casa. Era tarde da noite e as ruas de Nova Delhi não são seguras para mulheres nessas horas. Portanto, o escritório tinha a política de que cada funcionária fosse acompanhada até a sua casa.

No entanto, a Rainha das Mancadas queria que eu a acompanhasse mesmo sabendo que a minha casa ficava na direção oposta.

Então, só me restou recusar o pedido dela, o que não lhe agradou nem um pouco.

A Rainha das Mancadas não tinha estabilidade emocional e, em certas ocasiões, tinha atitudes bastante intolerantes.

Ela não tinha autonomia para me demitir, mas podia prejudicar a minha avaliação para que eu não recebesse um aumento. Isso me abalaria o suficiente para pedir demissão. Uma maneira delicada e limpa de contra-atacar.

Estupidez

Não posso afirmar que a Rainha das Mancadas era realmente mal-intencionada, mas, na melhor das hipóteses, era burra.

Será que ela percebia as consequências de suas ações?

Será que ela percebia que fazer comentários negativos em um formulário de avaliação e falar mal das pessoas em geral poderia influenciar a gerência a não me dar um aumento?

Afinal de contas, eu era um funcionário leal, ela tinha muito trabalho e precisava de ajuda. Eu era a melhor opção disponível. A Exma. Sócia Majoritária havia se recusado a receber ordens da Rainha das Mancadas e ela sabia que havia muito pouco que poderia fazer com relação a isso.

Será que a Rainha das Mancadas não queria que eu trabalhasse com ela?

Ao me desmoralizar, ela estava, na verdade, prejudicando a si mesma.

Será que ela percebia isso?

Como eu poderia ter evitado levar uma facada pelas costas?

Sendo discreto

Tentei essa tática por alguns meses, não surtiu muito efeito. Concentre-se em seu trabalho e prove o que você é realmente capaz de fazer. Eu costumava esclarecer possíveis mal-entendidos conversando pessoalmente com a pessoa ou por e-mail.

Em alguns casos, pode funcionar bem, dependendo da gravidade do golpe. Canalize suas energias em algo produtivo e seus empregadores normalmente permanecerão satisfeitos com você.

Mas no meu caso, o dano já tinha sido feito. Não dar muito na vista não parece ser uma estratégia plausível em uma fase posterior.

Confrontando a situação

Havia aprendido que o confronto pode ser uma boa opção para lidar com traidores.

Diga ao traidor, com firmeza, (não necessariamente de forma agressiva) que você está consciente de suas ações. Diz-se que a probabilidade de um traidor, assim como um ladrão, puxar o seu tapete se você demonstrar que está consciente do que está acontecendo é menor.

Decidi não confrontar a Rainha das Mancadas. Quer saber por que?

Como eu ia dizer a ela que eu sabia o que ela estava fazendo?

Ela teria negado. Relembrando que a minha líder de equipe havia me dito que não tinha nenhuma reclamação da parte dela. Além disso, ela me perguntaria de onde tinha tirado as informações.

Tinha prometido a Susanna que não mencionaria o nome dela. No entanto, a Rainha das Mancadas era esperta o suficiente para perceber que ninguém além da Susanna poderia ter me comentado algo. Afinal, foi a Susanna quem havia perguntado a ela sobre o meu desempenho. Ou seja, era moleza descobrir a fonte.

Confrontá-la teria funcionado se eu continuasse trabalhando com a Rainha das Mancadas. Tudo poderia ter ficado resolvido até a sessão de avaliação do ano seguinte, quando ela teria outra oportunidade de me atingir.

O QUE EU DESEJAVA FAZER, DE UMA FORMA SECRETA, ERA TIRAR DELA SEU MAIOR PODER: O CONTROLE SOBRE O MEU PROCESSO DE AVALIAÇÃO.

Teria trabalhado com ela se eu soubesse sobre as suas habilidades em puxar o tapete?

Sim e não.

Tenho que admitir que fazer um social no trabalho não era o meu forte. Raramente participava das fofocas, a menos que me afetassem pessoalmente.

Desconhecia a capacidade da Rainha das Mancadas de puxar o tapete dos outros. Sabia que eu não era a única vítima. Certa vez, colocou a culpa na Susanna (em sua ausência) por um engano em alguma transação, o que me deixou preocupado.

A Rainha das Mancadas costumava chamar Susanna de preguiçosa e dizer coisas negativas sobre quase todos os demais em suas sessões de fofocas habituais.

Mas vamos combinar. Ninguém é perfeito.

Eu tinha um bom relacionamento com a Rainha das Mancadas e para ser sincero, ela era bastante solícita e acessível, num primeiro momento. Portanto, não tinha que me preocupar com o que meus outros colegas pensavam dela.

Pensando bem, é sempre aconselhável se proteger contra este tipo de pessoa. Se hoje ela reclama e puxa o tapete de outra pessoa, amanhã poderá ser o seu. Foi o que aconteceu comigo. Uma lição que vale a pena ser aprendida.

A puxada de tapete funcionou neste caso?

Com certeza!

A Rainha das Mancadas foi promovida para analista sênior e parecia bastante satisfeita. Quem não ficaria?

Isto prova que puxar o tapete funciona e, às vezes, é devidamente recompensado no local de trabalho.

Fui um tolo em pensar que jogar sujo no trabalho não funciona e que você deve ser fiel ao seu emprego. Acreditava cegamente na filosofia de que, no final, o bem triunfa sobre o mal.

Mas eu estava redondamente enganado.

Mudança de equipe – A única solução

Percebi que se eu quisesse sobreviver neste escritório ou até mesmo pedir um aumento, teria que mudar de equipe. Continuar trabalhando com a Rainha das Mancadas parecia impossível, especialmente sabendo o quanto ela já havia me prejudicado. Este dano era irreparável.

A FÊNIX QUIETA

Foi quando decidi falar com o diretor e o RH sobre mudar de equipe. Também comecei a me candidatar a vagas em outros lugares.

Mudei de equipe no prazo de um mês. Não contei o que planejava à Rainha das Mancadas para que ela levasse um grande susto ouvindo a notícia da boca de outros.

Acho que isso lhe serviu de lição.

Moral da história

Não receber o mérito pelo seu trabalho, favoritismo e facadas pelas costas são as piores coisas que podem acontecer com você em um local de trabalho. Todos elas podem afetar, e muito, o seu estado de ânimo.

Enquanto é possível evitar, até certo ponto, que alguém receba o mérito pelo seu trabalho, se você se proteger devidamente contra isso, o favoritismo e uma puxada de tapete são questões muito mais delicadas de se lidar. Infelizmente, não há soluções bem claras para esta situação.

Falar com seus chefes, colegas e com o RH é uma possibilidade, mas raramente funciona. No entanto, você deve explorar todas as possibilidades dentro da empresa antes de adotar medidas mais drásticas.

É verdade que o RH e seu chefe dificilmente irão resolver a questão, mas também não é certo presumir que falando com eles você desperdiçará totalmente o seu tempo. Compartilhar a sua situação com essas pessoas pode ser uma experiência reveladora.

Mudar de emprego ou mudar de departamento parece ser a melhor solução possível. Um novo empregador ou chefe dentro da mesma empresa pode ser o mesmo que respirar ar puro novamente.

Quando mudei de equipe, consegui trabalhar na divisão de fusões e aquisições com outro analista sênior, que era um amigo muito próximo do Sr. Corujão. Já havia escutado muitas histórias de arrepiar os cabelos sobre ele.

Mas quando começamos a trabalhar, ele parecia ser o chefe mais agradável de todos os chefes que já tinha tido. Sem jogo de acusações ou facadas pelas costas. Sentia-me agradecido por isso.

Capítulo 7: Abandonando a carreira em Direito e por que perder o emprego pode não ser algo tão ruim assim

―――

Como você reage quando é despedido?

Fica deprimido e triste com a situação?

Você se preocupa sobre como vai se sustentar e pagar suas contas?

Culpa a si mesmo?

Ou acolhe a mudança?

Perdoa seus chefes e a empresa?

E vê essa mudança como um novo começo?

Circunstâncias que me levaram a perder o emprego

Cenário econômico

O ano de 2011 foi, comprovadamente, difícil. A desaceleração econômica mundial estava afetando as economias emergentes, e com a Índia não foi diferente. O governo indiano daquela época passou pelo que muitos analistas chamaram de paralisia política e foi incapaz de adotar qualquer reforma que pudesse impulsionar o crescimento econômico e industrial.

As receitas do meu escritório foram reduzidas à metade em comparação a 2010. O tamanho e número de negócios também foram a metade do ano anterior. Apesar de termos recebido um bônus generoso no final de março de 2011, corriam boatos que isso poderia não ocorrer em março de 2012.

O escritório estava tendo cada vez mais dificuldades para pagar os advogados, o que indicava que não seriam mais tão tolerantes com erros quando em comparação com anos anteriores. Muitos sócios foram mandados embora e departamentos inteiros foram fechados por baixo desempenho para diminuir os custos. Ficou bastante claro que o escritório estava determinado a se desfazer de excessos e apertar o cinto.

O escritório onde trabalhava não era o único. Todos os principais escritórios de advocacia foram afetados e estavam se comportando de modo similar. Esta prática de corte de custos foi se generalizando, mesmo fora do setor legal.

Trabalhando em um ambiente hostil

Minha mudança de equipe não me trouxe muito alívio. Fazia 70% do trabalho da equipe de mercado de capitais. Os 30% restantes eram divididos entre o diretor e a Rainha das Mancadas.

Eu era um burro de cargas sobrecarregado e subvalorizado daquela equipe. Mas eu também era a cabeça pensante de todos os projetos. Era só me tirar de lá que tudo se desmoronaria.

A Exma. Sócia Majoritária e a Rainha das Mancadas podiam fazer todo tipo de jogo, mas o S. Sanguessuga sabia que sem

A FÊNIX QUIETA

mim o trabalho não saia bem feito. Então, de certa forma, eu era o funcionário mais confiável e valioso.

O S. Sanguessuga e a Rainha das Mancadas não conseguiam lidar com o fato de que eu já não trabalhava mais para eles. Tinham se tornado bastante possessivos a meu respeito por razões muito óbvias.

O S. Sanguessuga já não poderia mais me envolver em projetos futuros. Não havia nenhuma explicação legítima para esta situação.

Mas ele continuava me incluindo em projetos anteriores (para os quais já tinha colaborado), alegando que como eu tinha sido responsável por 70% do trabalho, eu era a melhor pessoa para compreender e lidar com questões complexas.

É lógico!

Os demais não sabiam de nada porque passavam a maior parte do tempo jogando a culpa nos outros e tirando o corpo fora.

Claro que isso não era declarado justificativa!

O mais triste era que a desculpa do S. Sanguessuga para me manter envolvido em "projetos anteriores" parecia funcionar e calar o Diretor e o RH.

Então, lá estava eu trabalhando novamente para a equipe de mercado de capitais, sem pertencer à equipe!

Esta situação também me impossibilitava de assumir novas tarefas na minha nova divisão.

Como pedir um aumento piorou a situação

Tenho que admitir que trabalhar sem ter recebido um aumento havia mexido muito comigo.

Fingia estar tudo bem. Não demonstrava nenhuma emoção e mantinha uma expressão serena na maioria das vezes. Mas estava gritando por dentro.

A mudança para o novo departamento renovou minhas esperanças e expectativas.

Tinha falado com os meus colegas sobre o meu aumento e me aconselharam a conversar com o diretor assim que me mudasse para o novo departamento.

Até que chegou o grande dia. Já mencionei como o diretor costumava estar tão ocupado que não tinha tempo de ouvir pacientemente os problemas dos funcionários. Mas ele lia seus e-mails com muita atenção.

Escrever um e-mail me agradava porque desta forma tinha mais tempo para organizar meus pensamentos. Enviar um e-mail tinha funcionado bem no caso do Sr. Corujão. Então, elaborei e enviei um e-mail falando o que eu queria de forma muito clara.

Mal sabia eu que isso causaria mais problemas. Mas mesmo sabendo que isso poderia acontecer, tinha que pedir o aumento, porque nessa altura eu estava completamente arrasado por dentro.

O comportamento do S. Sanguessuga se tornou cada vez mais repugnante. Ele sabia o que me tirava do sério. Foi então que ele pediu para que eu respondesse diretamente para a Exma. Sócia Majoritária, em vez da Rainha das Mancadas. Ele tentou de todas as formas fazer eu me sentir tão desconfortável quanto possível. Começou a fazer muitas exigências e me dizer que eu era apenas um imbecil que não servia para nada.

Até que um dia ele finalmente revelou por que estava se comportando daquela forma:

"Soube que você vem disparando e-mails para todo mundo dizendo o quanto é valioso e competente. Para lhe ser bem franco não acho que este seja o caso. Envolvemos você porque você fez a maioria dos trabalhos e não porque você é confiável ou competente", ele disse.

"De qual e-mail você está falando, senhor?

Nunca lhe enviei um e-mail assim", disse.

"Sim, você enviou. Vou lhe mostrar", disse ele.

O S. Sanguessuga parou e percebeu o que estava fazendo. Então, de repente, se calou e não me mostrou o suposto e-mail que eu tinha escrito.

Sai de seu escritório intrigado.

A qual e-mail o S. Sanguessuga se referia?

Percebi que era o e-mail em que pedia o aumento.

Tratava-se de um e-mail confidencial dirigido apenas ao diretor. Era para ser uma conversa privada entre mim e meu novo chefe.

Como foi que o e-mail surgiu na caixa de correios do S. Sanguessuga?

Este era o mistério. Então, de repente tudo ficou claro.

Tinha falado com o RH dois dias antes e a Madame do RH tinha me dito que eles estavam revendo o meu arquivo para me dar um aumento. Ela teve que fazer isso porque tinha recebido essa orientação do diretor diretamente.

Foi quando soube que o diretor entendia o meu lado e realmente queria me ajudar.

A Madame do RH também não era nenhuma santa. O e-mail em que pedia o aumento foi enviado por ela ao diretor. O e-mail falava que eu não fazia ideia do porquê não tinha recebido um aumento, já que o RH não tinha discutido comigo as chamadas "questões vinculadas a desempenho".

Em geral, o RH é o responsável por explicar todas essas questões e alertar os funcionários.

Mas o problema era que o S. Sanguessuga não tinha compartilhado nenhum detalhe com o RH. Então, com a intervenção do diretor, a Madame do Rh teve logo que resguardar a sua reputação.

Então, o que ela fez foi encaminhar e-mail completo ao S. Sanguessuga para receber seus comentários, opiniões e conselhos!

A FÊNIX QUIETA

E o S. Sanguessuga, naturalmente, viu o e-mail sob um outro prisma. Para ele, o e-mail parecia que um simples analista estava se queixando de um sócio.

Não era de se estranhar então que o S. Sanguessuga estava se comportando de uma maneira tão estranha. Ele queria tornar a minha vida um inferno até que eu pedisse demissão.

Consigo entender o ponto de vista do RH, já que era bastante natural consultar o S. Sanguessuga neste caso.

Mas uma coisa é pedir uma opinião e outra bem diferente é encaminhar um e-mail tão delicado para ele.

Se o RH não tivesse sido tão preguiçoso, poderia simplesmente ter pedido a opinião dele sem ofendê-lo daquela forma.

Por exemplo:

"Caro Sr. Sanguessuga,

Algum tempo atrás, você mencionou algumas questões relacionadas com o desempenho do funcionário [nome].

Seria de extrema importância que nos indicasse quais são essas questões para que possamos atualizar nossos registros de avaliação de acordo.

Agradeceríamos uma pronta resposta em relação a este assunto.

Atenciosamente."

Este tipo de mensagem teria sido suficiente para que o S. Sanguessuga falasse honestamente sobre a questão, para que o RH e o diretor pudessem, então, formar uma opinião a respeito.

No entanto, ao simplesmente encaminhar meu e-mail ao S. Sanguessuga por pura preguiça foi uma atitude fria e insensível e mostrou uma falta de profissionalismo e total falta de consideração para resolver a questão.

Conforme algumas fofocas que rondavam pelo escritório, a Madame do RH já tinha adotado atitudes traiçoeiras como essa anteriormente, o que só jogava mais lenha na fogueira. Mas desta vez era eu quem estava me queimando.

Stress e a perda da autoestima

Você pode imaginar o tipo de estresse pelo qual eu estava passando. Ir ao escritório todas as manhãs era um tormento. No caminho para o escritório, me sentia muito ansioso e tonto. Mal podia esperar pelas sextas-feiras para desfrutar do final de semana.

Mas eu não conseguia realmente aproveitar os finais de semana porque constantemente vinha à minha mente as terríveis situações que aconteciam no escritório.

Aos domingos, o fato de saber que tinha que ir trabalhar na segunda me deixava apavorado.

Não era apenas o meu estado mental, mas também o meu estado físico foi afetado. O S. Sanguessuga estava me fazendo trabalhar como um escravo. As horas pareciam não passar.

A FÊNIX QUIETA

Não tinha mais tempo sequer para me exercitar. Sentado horas a fio, debruçado sobre o notebook, me deixava com terríveis dores nas costas.

Poucos meses antes de tudo isso acontecer, me consideravam uma das pessoas mais atléticas em meu escritório, alguém que conseguia subir 11 andares de uma vez sem perder o fôlego.

Eu sabia que um dia seria demitido. Conseguia ver isso acontecendo. Mas o medo de perder o emprego era muito pior do que a real perda dele.

Teria um colapso nervoso só de pensar nisso.

A pior parte era que eu estava perdendo a confiança em mim mesmo. Meus pais notaram isso e lamentavam por mim e pelo meu trabalho. Um profissional deveria se tornar mais confiante à medida que ganha experiência, mas o oposto estava acontecendo comigo. Eu estava me tornando cada vez menos confiante.

Restava-me apenas rezar

No dia que o S. Sanguessuga me disse que eu era uma das causas da má reputação da empresa, pensei em pedir demissão. Não aguentava mais. Mas foram os meus pais que me impediram de sair.

O motivo?

Eu não tinha outro emprego em vista. Embora trabalhar neste escritório tivesse se tornado um pesadelo, ficar em casa sem uma fonte de renda regular, não parecia ser uma solução plausível.

Restava-me rezar e pedir ajuda a Deus. E foi então que as minhas preces foram atendidas.

Finalmente me despediram.

Em outubro de 2011, em uma bela manhã, recebi um e-mail do RH. Abri o e-mail que dizia:

"Olá, você se importa de me encontrar no andar de baixo quando tiver um tempo livre? Obrigada. RH."

Sabia que havia algo suspeito.

Fui direto falar com a Madame do RH. Pediu que eu me sentasse com um sorriso agradável.

Me perguntava o que tinha acontecido.

"Como tem passado?", ela me perguntou.

"Bem", eu disse.

Ela não tirava olhos da tela do computador. Depois de alguns minutos, disse:

"Falei com todos os sócios sobre o seu aumento. Acho que você deveria começar a pensar em mudanças".

"Você quer dizer, procurar outro emprego?" perguntei-lhe à queima-roupa.

"Sim", disse ela com hesitação.

"Tentamos de tudo. Tentamos mudar sua equipe e colocá-lo em um ambiente de trabalho diferente, mas lamento não ter nada melhor para oferecer a você", desta vez ela falou com um pouco de emoção e lágrimas nos olhos.

Ela estava tentando deixar a situação o mais calma e confortável possível.

Ela era uma boa atriz e tentou mostrar que a situação estava sendo difícil para ela também.

"O seu aviso prévio de um mês contará a partir de agora. Considerando as suas perspectivas de futuro, não colocaremos isso por escrito", acrescentou.

Minha reação

Como você acha que eu reagi?

Chorei ou implorei para que não me despedissem?

Fiz birra e tentei quebrar o mobiliário do escritório?

Ameacei saltar do andar mais alto do escritório?

Não! De forma alguma.

Me senti bastante aliviado ao ouvir a notícia. De fato, meu rosto se iluminou de alegria.

"Ok, mas posso sair antes de terminar o período de aviso prévio? Na verdade, venho procurando outro emprego há algum tempo", disse muito tranquilo.

"Já tenho algumas entrevistas marcadas", acrescentei, desta vez com um sorriso no rosto.

A Madame do RH ficou surpresa. Ela estava chorando e eu sorrindo. Ela ficou muito curiosa.

"Para qual escritório?", perguntou ela.

"Devo manter sigilo", respondi.

Conseguia ver a expressão do seu rosto.

Apertamos as mãos pela última vez e depois saí.

Me senti livre. Já não precisaria mais olhar para a cara do S. Sanguessuga, da Rainha das Mancadas e da Exma. Sócia Majoritária. Senti como se tivessem cortado as minhas correntes.

A Fênix tinha sido totalmente queimada e reduzida a cinzas. No entanto, das cinzas surgia a possibilidade de um novo futuro. Uma nova oportunidade. Uma esperança de ressurreição. De uma nova vida. De renascer novamente.

Perder o emprego pode não ser algo tão ruim assim

Contei aos meus pais que tinha sido despedido e eles não ficaram nem um pouco preocupados. Não queríamos ver isso como algo negativo. No entanto, decidimos não comentar o ocorrido com amigos ou parentes para não nos tornarmos alvo de uma comiseração desnecessária.

Não era o único que tinha perdido o emprego. A Mel-B tinha sido despedida antes de mim e em circunstâncias muito mais cruéis. Como ela reagiu?

Me encontrei com ela após o ocorrido. Ela parecia estar muito feliz e satisfeita com a vida. Estava vendo outro lado da Mel-B.

No escritório, ela sempre parecia deprimida e frustrada. Agora estava passando muito mais tempo com o namorado. Fazia muitas compras. Foi ao casamento de sua única irmã em Goa.

Fiquei impressionado com a forma que ela tinha encarado a perda do seu emprego. Ela acabou sendo uma inspiração para mim.

E o que a nossa família decidiu fazer?

Planejamos passar o feriado de Natal em Phuket e Bangkok. Estava feliz porque desta vez não precisaria pedir a permissão do S. Sanguessuga, que certamente teria consultado primeiro a Exma. Sócia Majoritária. Passamos uns dias realmente agradáveis e relaxantes na Tailândia.

Coloquei o papo em dia com alguns amigos.

Comprei um PlayStation 3 com os jogos Move e My Fitness Coach Club, um jogo de exercícios da Ubisoft. Gostei de todos os exercícios, incluindo as sequências de exercícios aeróbicos, música latina, kick boxing, yoga e pilates. Investi em ficar em forma de novo. Minhas dores nas costas foram desaparecendo aos poucos e a medida que minha condição física melhorava.

Sou um grande fã também da série Age of Empires da Microsoft. Fiquei algum tempo de folga jogando esses jogos de estratégia.

Comprei os livros que queria ler e fui ver todos os filmes que queria assistir.

A melhor parte foi que a perda de emprego me deu tempo para refletir e pensar de forma racional sobre o que eu realmente queria fazer na vida.

Amaldiçoei meus antigos patrões e colegas?

Não! De modo algum. Tinha perdoado a todos e segui em frente.

Tenho a sensação de que às vezes os meus ex-chefes, especialmente o diretor, se sentiram culpados por terem me despedido.

Acho que lidar internamente com um manipulador, estou obviamente falando do S. Sanguessuga, que cresceu com o proprietário da empresa, era mais do que o sofisticado diretor, graduado em Oxford, poderia suportar.

No entanto, espero que a minha sombra os persiga para o resto de suas vidas. Isso pode lhes ser muito útil.

Não estou escrevendo essas coisas para me queixar, mas para deixar o assunto de lado de uma vez por todas. Escrever este livro realmente me curou e espero que possa curar você também, meu caro leitor.

Moral da história

Veja a perda de um emprego como um novo começo para algo melhor e mais brilhante.

É muito fácil cair numa armadilha. Pensamentos negativos certamente virão. E você, naturalmente, ficará pensando em como

A FÊNIX QUIETA

vai pagar suas contas ou colocar comida na mesa. Pode até culpar a si mesmo.

Mas você não é o único. Também pensei dessa forma.

E se eu não tivesse enviado aquele e-mail ao diretor?

Não era eu o culpado por ter sido tratado com tanto desprezo pelo S. Sanguessuga, pela Rainha das Mancadas e pelos meus outros colegas?

Mas não faz sentido chorar pelo leite derramado. Isso só o deixará cada vez mais triste. Você não terá seu emprego de volta.

Em vez disso, veja pelo lado positivo.

Tente aprender uma nova habilidade.

Tire férias.

Aprenda um novo esporte, como fazer escalada ou yoga.

Coloque o papo em dia com seus amigos e membros da sua família.

E quem sabe, você não descobre o que realmente quer fazer da vida.

Quero terminar com um diálogo do filme Noviça Rebelde:

"Quando o Senhor fecha uma porta, em algum outro lugar uma janela se abre".

Capítulo 8: Mudança de carreira: o que realmente me fazia feliz

---

Dois anos após perder meu emprego

Permitam-me me apresentar novamente. E eis aqui um novo Prasenjeet Kumar. Hoje sou empreendedor, escritor e blogueiro. Adoro escrever sobre coisas que realmente me entusiasmam. Acredito que os meus livros devem ajudar as pessoas a mudar suas vidas para sempre (e para o bem, é claro!).

Escrevi três livros (este é o meu quarto) no curso de seis meses e todos eles estão disponíveis na Amazon para compra. Já escrevi mais de um milhão de palavras nesses seis meses.

Você pode se surpreender ao saber que meus três primeiros livros foram livros de culinária com receitas da minha mãe. No entanto, não sou um chef, nem por formação, aptidão ou inclinação. Tampouco quero ser rotulado como um "escritor de livro de receitas".

Porém, o que preciso salientar é que uma bela manhã, simplesmente senti um desejo: não apenas de catalogar a tradição e as receitas inovadoras da minha família, mas também ajudar pessoas ocupadas a cozinharem refeições do zero, em um instante.

Um dos meus livros *Home Style Indian Cooking In A Jiffy* (Comida caseira indiana em um instante, em tradução livre) chegou a ficar em primeiro lugar na lista de Best Sellers de culinária indiana na Amazon.

Este processo não aconteceu da noite para o dia. Como já narrei em detalhes, há alguns anos atrás, meu sonho era ser um advogado corporativo de sucesso, com um salário gordo e férias no exterior.

Como se deu essa mudança?

Perda de emprego: uma bênção disfarçada

É muito fácil ficar deprimido ao perder o emprego e duvidar de suas próprias capacidades. Mas perder um emprego pode ser uma grande e nova oportunidade.

Um tolo continua olhando para uma porta completamente fechada e não vê a janela que se abriu do outro lado.

Veja a perda de um emprego como o final de uma era e o começo de um novo mundo.

Conheça a si mesmo: qual é a sua verdadeira paixão?

A perda de emprego não apenas me proporcionou um tempo para tirar férias em Phuket, passar tempo com minha família e brincar com jogos de computador.

Deu-me a oportunidade de me entender melhor e me perguntar o que eu queria fazer na vida várias vezes.

E quer saber a resposta que obtive?

Nenhuma. Nada. Percebi que o escritório para o qual trabalhava tinha contribuído, até certo ponto, com a minha autodesconstrução.

Nunca tinha me sentido tão perdido em minha vida.

Nunca estive tão inseguro.

No ensino médio, queria estudar Direito. Na universidade, queria ser um advogado corporativo.

E agora? Tinha um diploma de Direito e experiência em um escritório de advocacia empresarial. Assim, o natural seria continuar por esse caminho.

Continuei me candidatando a outros escritórios de advocacia que estavam à procura de advogados/consultores jurídicos.

A maioria nem me respondeu. A economia não ia bem.

Alguns me chamaram para uma entrevista, mas não passou disso.

Alguns me disseram abertamente que eu era muito caro e que não poderiam sequer pagar o meu salário anterior.

Outros não responderam quando solicitei feedback.

Estava perdendo o interesse na área jurídica. Não era o eu queria fazer na vida.

Manter-me atualizado sobre o setor jurídico também estava se tornando uma tarefa difícil. Meu pai costumava me estimular a permanecer atualizado pois, caso contrário, encontrar um novo emprego na área seria mais difícil.

Não há dúvida de que eu estava ficando cada vez menos entusiasmado com assuntos jurídicos.

Será que isso estaria transparecendo em minhas entrevistas?

Talvez sim. Talvez não.

Mas se você não está realmente apaixonado por alguma coisa, fica cada vez mais difícil demonstrar entusiasmo.

Pelo menos este era o meu caso. Outros talvez consigam colocar uma máscara por um curto período.

A verdade é que você não está sendo honesto consigo mesmo.

Por que eu estava perdendo o interesse na área jurídica?

Tentei me convencer de que adorava trabalhar com direito. Isso é o que eu estava preparado para fazer. Tinha gasto muito dinheiro para obter as graduações, os diplomas e as habilidades necessárias.

Minhas dúvidas se baseavam, em grande parte, na atmosfera de traição com a qual me deparei naquele escritório. Poderia recuperar o meu nível de confiança se me mudasse para outro escritório, em uma nova equipe, sem um ambiente hostil.

A jornada de trabalho dos outros escritórios era tão exaustiva quanto a do meu antigo escritório. Eu, sem dúvida, não gostava de trabalhar muito além do horário de expediente, mas não queria fazer disso um obstáculo na minha carreira jurídica.

Uma saída seria me tornar um consultor jurídico interno. Tentei essa opção e logo recebi uma oferta de emprego em uma empresa imobiliária.

A vida era mais fácil. O horário de expediente era bastante regular. Meu salário líquido também era um pouco maior. Então, tinha conseguido aquele aumento que não havia obtido no meu trabalho anterior.

As puxadas de tapete praticamente inexistiam, porque eu era o único na área legal. Se houvesse algum trabalho legal importante, me dirigia até um escritório jurídico adequado, como àquele onde trabalhei anteriormente.

Meu trabalho, então, consistia em assegurar que o trabalho fosse feito de acordo com as expectativas da empresa e no prazo estipulado, o que era ótimo.

Também tinha fácil acesso ao presidente e todos os diretores da empresa, o que era ainda melhor.

Após três meses, no entanto, a falta de qualquer trabalho desafiador estava me deixando entediado. Como outros funcionários, tinha tempo para fuçar no Facebook e no Twitter o dia inteiro, já que a empresa não parecia se importar com isso.

Foi então que eu comecei a perceber o lado obscuro do negócio imobiliário na Índia. Estava tratando com inúmeros clientes que processaram a empresa por atrasos nos cronogramas de conclusão dos apartamentos, casas ou comércios pelos quais já tinham pago. Tive que me defender deles legalmente contratando os melhores cérebros legais disponíveis no mercado.

Foi então que eu descobri que a nossa empresa havia intencionalmente enganado esses clientes. E também que ela não tinha qualquer intenção de concluir as obras ou de devolver o dinheiro dos clientes.

E eu era o leão de chácara que protegia os grandes tubarões! É por isso que a empresa era tão benevolente com relação ao meu salário e horário de expediente.

Pedi demissão em três meses e comecei a procurar novamente por um emprego.

Passaram-se meses.

Não recebi nenhuma oferta boa, mas não estava preocupado.

Isso me surpreendeu.

Um ano mais tarde, me perguntei de novo: era realmente apaixonado pelo trabalho legal?

Desta vez, a resposta me surpreendeu.

A resposta foi um sonoro "Não".

Nunca havia estado apaixonado pelo que fazia. Somente tentava me enganar acreditando que sim. E não era apenas por causa das horas extras e dos colegas ruins. Bem, eles também representavam uma boa parte do meu descontentamento com a profissão.

Quando na universidade, queria ser um advogado corporativo internacional de sucesso. Trabalhar em escritórios ostentosos e ganhar um salário alto faziam parte do meu sonho. No entanto, desde o primeiro dia, quando realmente comecei a trabalhar, não tinha vontade de subir na hierarquia e me tornar analista sênior ou sócio.

O que eu tinha de errado?

Sim, eu realmente gostava de alguns aspectos do trabalhar em Direito. Escrever memorandos, pesquisar, preparar auditorias e elaborar documentos eram os tipos de coisas nas quais eu era muito bom. Por vezes, me sentia intelectualmente estimulado.

Mas, aparte isso, não me sentia muito motivado. A ideia de subir na hierarquia mais e mais não me entusiasmava. Pelo menos era algo por que não valeria a pena morrer, sofrer com uma úlcera ou ter um ataque cardíaco!

Dinheiro também não me motivava a trabalhar mais duro e por mais horas. Minha felicidade era mais importante.

Então, o que realmente me entusiasmava?

Queria mudar de carreira. Comecei a procurar por respostas na internet. Encontrei uma abundância de artigos com conselhos sobre mudança de carreira.

A maioria começa falando em seus "hobbies". O conselho é anotar qualquer coisa que venha à sua mente, mesmo que pareça trivial ou constrangedor.

Por exemplo, pode ser que você queria ser uma estrela de cinema. Este tipo de pensamento pode soar estranho. Seus familiares e amigos podem até rir disso e ver você como um garoto de cinco anos que sonha acordado.

A FÊNIX QUIETA

O conselho que li foi escrever sobre as coisas que você fantasia e gosta de fazer.

Então, o que eu gostava de fazer? Relembrei minha infância e os tempos de ensino médio e universidade.

Gostava de matérias como História, Ciências Políticas e Psicologia.

Adoro natureza. Adoro montanhas cobertas de neve, clima temperado, lagos e pinheiros.

Gosto de me exercitar. Pilates é o meu exercício favorito.

Na escola e na universidade fazia parte da Sociedade Teatral. Gostava de atuar.

Sabia que poderia interpretar muito bem, se eu quisesse. Tinha ganho dois prêmios de melhor ator e sido aplaudido de pé em muitas ocasiões.

Quando criança, gostava de escrever histórias. Alguns dos meus professores me diziam que eu tinha uma imaginação bastante fértil.

Nunca tive nenhum problema em me expressar por escrito. Mesmo quando trabalhava no escritório de advocacia, o diretor e meus colegas me elogiavam pela minha escrita. Também costumava escrever uma seção no Boletim da residência de estudantes onde morava em Londres.

Que rumo ia tomar na vida?

As respostas não estavam muito claras para mim.

Mas o que estava ficando claro era que eu era uma pessoa criativa.

Gostava de atuar e escrever: para ambos é preciso muita criatividade. Cheguei a fazer parte de uma oficina teatral em novembro de 2012 durante um mês. Foi divertido, mas achei que não gostaria de atuar em tempo integral. Não queria me mudar para Bollywood ou começar a atuar em novelas.

Escrever era outra opção, mas não tinha muito claro sobre o que escrever.

Tornando-me um empreendedor

Durante a época em que trabalhava em escritórios de advocacia, cheguei a falar com meu pai sobre o meu sonho de me tornar um empreendedor. Ambos achávamos que o melhor seria trabalhar para os outros por alguns anos antes de ter um negócio próprio.

E que tipo de negócio abrir?

Não queríamos começar com um negócio de alto risco, com um grande investimento de capital. Tampouco queríamos centenas de funcionários para administrar ou escritórios em vários locais para contratar.

A resposta estava clara.

Queríamos administrar um negócio em que as despesas fossem mínimas e o negócio poderia se transformar em uma fonte de renda passiva, mesmo quando não houvesse alguém para administrá-lo de forma ativa.

Um negócio online?

Anotamos algumas opções, uma das quais foi a de colocar receitas de minha mãe na rede para que o mundo inteiro pudesse ter acesso a elas.

É dessa ideia que surgiu a minha motivação.

Administrar um negócio online era algo que me intrigava e motivava.

Comecei a procurar por cursos de web design na internet. Não era programador e inicialmente pensei que isso seria difícil.

Encontrei o curso em web design Alison.

Insisti até que aprendi algumas codificações básicas de html e css.

Ups, talvez você se pergunte o que é isso.

Há uma série de tutoriais no YouTube que ensinam a usar o WordPress, um software como o Word da Microsoft, para criar sites lindíssimos.

Criei o meu primeiro site http://www.cookinginajiffy.com/ com as receitas da minha mãe. O site tem mais de 100 receitas até o momento.

Desde então, não teve mais volta.

Aprendi a gerar o tráfego do site usando mídias sociais e ferramentas de otimização de motores de busca (SEO).

Além disso, aprendi a formatar e publicar livros na Amazon, tanto na versão Kindle quanto na versão impressa.

Também escrevi três livros nos últimos seis meses.

Comecei outro site que é a minha Plataforma de Escritor ou a minha casa na internet: www.publishwithprasen.com

Estou vivendo de meu hobby.

Sou um escritor e um empreendedor.

Gosto de me exercitar.

Meu trabalho me dá a liberdade de trabalhar em qualquer lugar do mundo.

Atualmente estou no Himalaia, um lugar onde a beleza natural é de tirar o folego e a brisa de verão é fresca.

E continuo escrevendo e mantendo o meu site.

Em um primeiro momento não tinha certeza sobre o que escrever.

Hoje em dia escrevo sobre tudo aquilo que me entusiasma.

Meu primeiro livro foi sobre culinária para iniciantes. Acho que os estudantes universitários deveriam aprender a cozinhar um pouco antes de sair de casa, mas a maioria dos livros de receitas para estudantes que encontrei na Amazon presumiam que você já soubesse cozinhar um pouco e iam direto para as receitas.

Meu segundo livro foi para valorizar e catalogar as minhas receitas indianas.

Com uma coleção de mais de 100 pratos indianos deliciosos, muitos dos quais você não encontra em nenhum restaurante indiano do mundo, esse livro é bastante diferente de qualquer outro livro de culinária indiana no mercado.

Fico muito triste de ver pessoas obesas ao meu redor, tentando inúmeras dietas diferentes, desde a dieta rica em proteína e baixa em carboidratos até a dieta vegana. Eu realmente acredito que é possível ser saudável sem seguir qualquer dieta da moda. Então, isso serviu de base para o meu terceiro livro intitulado *Healthy Cooking In A Jiffy: The Complete No Fad No Diet Handbook* (Prepare pratos saudáveis em um instante: o guia completo sem dietas e modismos, em tradução livre).

No entanto, a inspiração não chega para mim sem alguma dificuldade. Eu sou um introvertido e o livro de Susan Cain, *O poder dos quietos: como os tímidos e introvertidos podem mudar um mundo,* mudou a minha vida.

Então, decidi escrever sobre minhas próprias experiências para outros introvertidos, o que resultou neste livro.

Considero-me um "Revolucionário Quieto".

Devo admitir que, inicialmente, ganhei muito menos do que quando trabalhava no escritório de advocacia, mas meu trabalho me traz muita satisfação.

Sou uma pessoa feliz.

Meu sonho é que as pessoas gostem de mim pelos meus trabalhos escritos.

Sonho em mudar a vida e tocar os corações das pessoas, assim como as obras de outros autores me tocaram.

Acredito que um dia serei um milionário com um milhão de fãs.

Não tenho problema em trabalhar duro.

Sinto que minha energia é ilimitada.

Minha profissão me encoraja a usar meus pontos fortes, como permanecer em silêncio, preparar, escrever e usar as mídias sociais de forma eficaz e ponderada.

Estou fora da minha zona de conforto, mas sinto que eu pertenço a este mundo.

Diferente de quando trabalhava no escritório de advocacia, onde usava meus pontos fortes de escrita e preparação, mas era apenas avaliado de acordo com o número de horas extras e com o que os outros pensavam de mim.

Bom, esse tempo já se foi.

A Fênix renasceu das cinzas de seus ancestrais.

Ela é jovem.

Ela é calma.

O renascimento não teve trovões, relâmpagos e terremotos.

Moral da história

É muito fácil se deixar abater com a perda de um emprego. No entanto, sempre veja o lado positivo disso.

Não aconselho você a ficar ocioso.

Continue se candidatando a vagas, enquanto pensa em que você realmente quer da vida.

As respostas não virão instantaneamente, mas se vierem, melhor ainda.

Faça uma lista de seus hobbies e anote tudo o que vem à sua mente, mesmo que pareça absurdo.

Não hesite em aprender uma nova habilidade, seja web design ou rafting. Você nunca sabe o que pode se tornar sua nova profissão.

Decida se quer ser um empregado ou tornar-se um empreendedor. Há prós e contras em ambos casos.

Recomendo muito a leitura do livro de Joanna Penn, *Career Change: Stop hating your job, discover what you really want to do with your life, and start doing it!* (Mudança de carreira: pare de odiar o seu trabalho, descubra o que realmente quer fazer e comece a agir, em tradução livre).

E o mais importante, acredite em si mesmo.

Te desejo muita sorte.

Livros Do Autor Da Série "A Fênix Quieta"

―――

A FÊNIX QUIETA: UM GUIA PARA INTROVERTIDOS ASCENDEREM EM SUAS VIDAS PESSOAIS E PROFISSIONAIS

A FÊNIX QUIETA 2: DA FRUSTRAÇÃO À REALIZAÇÃO (MEMÓRIAS DE UMA CRIANÇA INTROVERTIDA)

CELEBRANDO OS QUIETOS: HISTÓRIAS ANIMADORAS PARA PESSOAS INTROVERTIDAS E HIPERSENSÍVEIS

CELEBRANDO LÍDERES QUIETOS: HISTÓRIAS INSPIRADORAS DE LÍDERES INTROVERTIDOS QUE MUDARAM A HISTÓRIA

CELEBRANDO ARTISTAS QUIETOS: HISTÓRIAS INSPIRADORAS DE ARTISTAS INTROVERTIDOS

Livros Do Autor Da Série "Auto-Publicação Sem Gastar Um Centavo"

―――

COMO TRADUZIR SEUS LIVROS SEM GASTAR UM CENTAVO

COMO VENDER SEUS LIVROS SEM GASTAR UM CENTAVO

Livros Do Autor, Da Série "Cozinhar Num Instante"

COMO COZINHAR EM UM INSTANTE MESMO SE VOCÊ NUNCA COZINHOU SEQUER UM OVO

COZINHA SAUDÁVEL NUM INSTANTE: MANUAL COMPLETO SEM DIETAS OU MODISMOS

O GUIA DEFINITIVO PARA COZINHAR LENTILHAS À MANEIRA INDIANA

O GUIA DEFINITIVO PARA COZINHAR VEGETAIS À MANEIRA INDIANA

COMO COZINHAR COMIDA CASEIRA INDIANA EM UM INSTANTE

Entre em contato comigo

―――

Se você gostou deste livro e quer ficar por dentro dos próximos, inscreva-se no nosso blog.

Adoraria fazer parte da sua rede de contatos virtual.

Adiciona-me no

Facebook[1]

Twitter[2]

Google Plus[3]

Goodreads[4]

Você também pode entrar em contato com a tradutora Cibeli da Rocha Hirsch, pelo e-mail cibeli_hirsch@hotmail.com

---

1. https://www.facebook.com/prasenjeet.kumar.925
2. https://twitter.com/PublishWithPras
3. https://plus.google.com/+PrasenjeetKumarAuthor/posts
4. https://www.goodreads.com/author/show/7277813.Prasenjeet_Kumar

Sobre o autor

Prasenjeet Kumar já escreveu mais de 30 livros em quatro gêneros: livros de receitas (da série Cozinhando em um instante), livros motivacionais para introvertidos (da série A Fênix Quieta), livros sobre auto-publicação (da série Como auto-publicar seus livros sem gastar um centavo) e livros de romance-ficção. Até o momento vinte de seus livros já foram traduzidos ao japonês, espanhol, português, italiano e alemão.

Prasenjeet Kumar é formado em Direito pela University College London (2005-2008), London University e pós-graduado em filosofia, com honras, pela St. Stephen's College (2002-2005), Delhi University. Além disso, possui um Diploma do Curso de Prática Jurídica (LPC) pela College of Law de Bloomsbury, Londres.

Prasenjeet adora comida gourmet, música, filmes, golfe e viajar. Ele já esteve em 17 países: Canadá, China, Dinamarca, Dubai, Alemanha, Hong Kong, Indonésia, Macau, Malásia, Sharjah, Suécia, Suíça, Tailândia, Turquia, Reino Unido, Uzbequistão, e Estados Unidos.

Prasenjeet é designer autodidata, escritor, editor e dono do site http://www.cookinginajiffy.com/, o qual dedicou à sua mãe, e http://www.publishwithprasen.com, onde compartilha dicas sobre como autopublicar livros.

www.ingramcontent.com/pod-product-compliance
Lightning Source LLC
Chambersburg PA
CBHW021814170526
45157CB00007B/2582